中国政法大学科研创新项目资助（20ZFG75001）
中央高校基本科研业务费专项资金资助（supported by "the Fundamental Research Funds for the Central Universities"）

魏晋名士的风尚与规约

罗世琴 ◎ 著

中国政法大学出版社

2020·北京

声　　明	1. 版权所有，侵权必究。
	2. 如有缺页、倒装问题，由出版社负责退换。

图书在版编目（CIP）数据

魏晋名士的风尚与规约/罗世琴著. —北京:中国政法大学出版社, 2020.7
ISBN 978-7-5620-9577-4

Ⅰ.①魏… Ⅱ.①罗… Ⅲ.①文人－人物研究－中国－魏晋南北朝时代 Ⅳ.①K825.4

中国版本图书馆 CIP 数据核字(2020)第 136161 号

出 版 者	中国政法大学出版社
地　　址	北京市海淀区西土城路 25 号
邮寄地址	北京 100088 信箱 8034 分箱　邮编 100088
网　　址	http://www.cuplpress.com (网络实名：中国政法大学出版社)
电　　话	010-58908586(编辑部) 58908334(邮购部)
编辑邮箱	zhengfadch@126.com
承　　印	北京中科印刷有限公司
开　　本	880mm×1230mm　1/32
印　　张	7.75
字　　数	200 千字
版　　次	2020 年 7 月第 1 版
印　　次	2020 年 7 月第 1 次印刷
定　　价	46.00 元

目 录

导　论　魏晋名士及其时代 ································· 001

第一章　服药风尚与内心规约 ··························· 029
第一节　服药风尚的盛行 ································· 029
第二节　何晏之浮华 ····································· 040

第二章　妆容风尚与峻直人格 ··························· 049
第一节　"龙章凤姿照鱼鸟" ······························ 049
第二节　美妆畅声威仪容 ································· 070
第三节　嵇康之"俊"与"峻" ···························· 084

第三章　任诞风尚与适时逍遥 ··························· 100
第一节　禁酒与酒礼 ····································· 100
第二节　"病酒"与解忧 ·································· 112
第三节　阮籍之任诞与遥旨 ······························· 125

第四章　奢靡之风与守成之志 ··························· 151
第一节　奢侈之竞与权力游戏 ····························· 151
第二节　嵇喜之志与嵇绍之忠 ····························· 170
第三节　陆机的责任 ····································· 196

第五章　风流之韵与家国情怀 …………………………… 207
　　第一节　王导之附人与周旋 …………………………… 207
　　第二节　谢安之东山之志 ……………………………… 219
余　论　魏晋时期的闺门风尚 ………………………… 232

魏晋名士及其时代

导论

　　士是中国古代文化中一个特殊的群体，从身份上言，他们属于某一特定阶层，是有知识的特殊群体，"为低级之贵族"。[1]春秋战国时期，"由于士阶层适处于贵族与庶人之间，是上下流动的汇合之所，士的人数遂不免随之大增"，自此，士便与国家的命运相联系，重操守、讲气节、重视智慧与品藻，士的多少及其在社会中的地位可以直接反映一个国家乃至时代的兴衰。[2]

　　名士并不等同于出仕或建有卓越功勋的人。《礼记·月令》载季春之月，天子"开府库，出币帛，周天下，勉诸侯，聘名士，礼贤者"。高诱注："有明德之士，大贤之人，聘而礼之，将与兴化致理也。"郑玄注："聘，问也。名士，不仕者。"[3]季春是春季的最后一个月，聘问礼请名士是天子很重要的一项活动，所聘问之人，虽之前不仕，但为有"明德"的"大贤"之人，故而天子予以特别重视。可见，名士确实

---

〔1〕"吾国古代之士，皆武士也。士为低级之贵族，居于国中（即都城中），有统驭平民之权利，亦有执干戈以卫社稷之义务。"参见顾颉刚：《史林杂识初编》，中华书局1963年版，第85页。

〔2〕参见余英时：《士与中国文化》，上海人民出版社1987年版，第7~16页。

〔3〕（清）孙希旦：《礼记集解》，沈啸寰、王星贤点校，中华书局1989年版，第432页。

魏晋名士的风尚与规约

有一定特殊身份,此身份与"仕"并不对等。然而,《史记·律书》:"自是之后,名士迭兴,晋用咎犯,而齐用王子,吴用孙武,申明军约,赏罚必信,卒伯诸侯,兼列邦土,虽不及三代之诰誓,然身宠君尊,当世显扬,可不谓荣焉?"[1]所列"迭兴"的"名士"都以所长积极出仕建功,"身宠君尊",投身国事的同时也为家族及自身带来了尊宠。名士身份与积极出仕并不矛盾。又《汉书·王莽传》:"及长乐少府戴崇、侍中金涉、胡骑校尉箕闳、上谷都尉阳并、中郎陈汤,皆当世名士,咸为莽言,上由是贤莽。"[2]所列名士也都是有一定名望的出仕之人。由此,名士最为重要的评价标准仍在于德,仕与不仕并不构成对名士评价的标准。有德的名士未必出仕,但对社会的治理与安定非常重要,能在社会起到思想的引领作用,"将与兴化致理";而名士出仕,保持原初的品行,在社会思潮与社会秩序构建中均能起到积极作用。名士的精神特质与出仕的实际行为并不冲突。

名士与帝王的关系也较为特殊。桓宽《盐铁论·褒贤》:"万乘之主,莫不屈体卑辞,重币请交,此所谓天下名士也。"[3]特别强调名士出仕前在某些方面更具精神上的独立。当然,在人人追求建立功业的时代,这种精神上的独立也会发生变化:一方面,随着积极出仕的行为,名士由被"屈体卑辞,重币请交"而变为人臣,精神方面的独立性相对削弱;另一方面,

---

[1] (汉)司马迁:《史记》卷二十五,(南朝·宋)裴骃集解,(唐)司马贞索隐,(唐)张守节正义,中华书局1959年版,第1241页。
[2] (汉)班固:《汉书》卷九十九,(唐)颜师古注,中华书局1962年版,第4040页。
[3] 《盐铁论校注》卷十五,王利器校注,中华书局1992年版,第240页。

导论　魏晋名士及其时代

在特定的时代，出仕又是名士实现精神理想、实践个体价值的最佳方式。

汉晋以降，名士以山水为寄托，注重文学与艺术修养，[1]随之出现的是展现个体的方式也变得更为多样，名士成了承载社会思潮变化与风尚潮流的主体。其中尤为突出的部分人物倍受关注，探讨并梳理名士的精神价值，也变得尤为重要。各种有关名士的专论出现，从不同侧面与角度载记着人们对名士的不同理解与认同。

魏晋名士在精神独立与功业实现两个方面进行兼容，从而成了中国历史上一个具有独特风尚与处事风格的群体。士人更注重区分名士活动的精神层次，行为表现与精神层次的需求是否一致便成了评价的重要标准。《三国志》卷九裴松之注引《魏略》：

> （李丰）始为白衣时，年十七八，在邺下名为清白，识别人物，海内翕然，莫不注意……初，明帝在东宫，丰在文学中。及即尊位，时得吴降人，问"江东闻中国名士为谁？"降人云："闻有李安国者是。"时丰为黄门郎。明帝问左右安国所在，左右以丰对，帝曰："丰名乃被于吴越邪！"后转骑都尉、给事中。[2]

---

[1] 参见余英时：《士与中国文化》，上海人民出版社1987年版，第287~400页。
[2] （晋）陈寿：《三国志》卷九，（晋）裴松之注，陈乃乾校点，中华书局1959年版，第301页。

《语林》载：

诸葛武侯与司马宣王在渭滨，将战，宣王戎服莅事，使人视武侯，素舆葛巾，持白毛扇指麾，三军皆随其进止。宣王闻而叹曰："可谓名士。"[1]

《晋书·刘颂传》载刘颂上疏：

今阎闾少名士，官司无高能，其故何也？清议不肃，人不立德，行在取容，故无名士……少名士，则后进无准。故臣思立吏课而肃清议。[2]

《晋中兴书》称：

阮放与从弟孚齐名，在铨管之任，甚有称誉，性清俭，终不治产业，为吏部郎，不免饥乏，王导庾亮，以其名士，给衣食，放由是得立。[3]

魏晋时代，人们认为真正的名士应该能关心国事，有良好的道德品质以及独立的人格精神。人物内在的品格与外在表现相一致，包括外在服饰和妆容与个体人格结合、人物的举止潇洒与实际功业结合，成了名士品鉴非常重要的组成部分。司马懿并未看到诸葛亮，而是听到对诸葛亮的描述，便做出其为

---

[1]（宋）李昉等：《太平御览》卷三百零七，中华书局1960年版，第1414页。

[2]（唐）房玄龄等：《晋书》卷四十六，中华书局1974年版，第1301页。

[3]（唐）欧阳询等：《艺文类聚》卷四十八，汪绍楹校，上海古籍出版社1965年版，第863页。

"名士"的判断，也并未因诸葛亮是战场上的对手，便不承认其举止与精神面貌方面的名士特征。足见，人们对名士的评价，更多倾向于一种精神与人格的认同。

袁宏作《东征赋》，赋末列称过江诸名德，又作《名士传》，为时人品评名士进行了总结。《世说新语·文学》：

> 袁彦伯作《名士传》成，见谢公。公笑曰："我尝与诸人道江北事，特作狡狯耳！彦伯遂以箸书。"
> 宏以夏侯太初、何平叔、王辅嗣为正始名士，阮嗣宗、嵇叔夜、山巨源、向子期、刘伯伶、阮仲容、王浚冲竹林名士，裴叔则、乐彦辅、王夷甫、庾子嵩、王安期、阮千里、卫叔宝、谢幼舆为中朝名士。(刘孝标注)[1]

这只是对正始以来魏晋名士的一种分类，[2]但就《世说新语》所引《名士传》的内容看，其实不止这些。期间，最为人们熟悉的，是竹林名士：

> 陈留阮籍，谯国嵇康，河内山涛，三人年皆相比，康年少亚之。预此契者：沛国刘伶，陈留阮咸，河内向秀，琅琊王戎。

---

[1] (南朝·宋)刘义庆：《世说新语笺疏》(修订版)，(南朝·宋)余嘉锡笺疏，周祖谟、余淑宜、周士琦整理，上海古籍出版社1993年版，第272页。
[2] 严可均《全晋文》小序称其撰"《正始名士传》三卷，《竹林名士传》三卷，《中朝名士传》若干卷"，《晋书·袁宏传》称其作："《竹林名士传》三卷"。《隋书》卷三十三《经籍志》载《正始名士传》三卷，题袁敬仲撰。章宗源《隋书经籍志考证》认为："宏字彦伯。《隋志》作敬仲，盖误以袁宏为卫宏。"又有《崇文总目》卷二称："《正始名士传》三卷，袁氏撰，原释，其中卷竹林名士三逸，上卷增荀粲，下卷增阮脩。"又水经注引《竹林名士传》称《竹林七贤传》。

魏晋名士的风尚与规约

七人常集于竹林之下,肆意酣畅,故世谓"竹林七贤"。[1]

　　竹林名士中,嵇康、刘伶基本上未曾出仕,阮籍、向秀职位不高,山涛、王戎则后来才居要职,但他们在正始年间以名士为人知。他们与显名于时的正始名士不同,尚无重要的政治地位,与蓄势待发的司马师等也不同,虽然只是一个"饮酒"的集体,但每个个体都是当时社会风尚的引领者与个人精神操守的坚持者。

　　《名士传》所列的三类名士中也没有陆机。一方面,谢安认为自己就是"特作狡狯"而已,只是袁宏当真记了下来,这些名士是否就一定名至实归,谢安自己也并没有给出明确理由。另一方面,谢安的时代,陆机已经成为过去,而作为在陆机怀念的故土上建立了更新政权的南下士人,自然更注重与当下南方名士相处,故意避而不谈北上殒命的陆机也是有可能的。另外,谢安"特作狡狯"又被袁宏认真记录的这些名士,都是追慕玄风的清谈名家,而陆机心志所追又不在此,在品鉴中遗忘了他也有可能。陆机虽不在此《名士传》之列,但却不能否认他是真名士。

　　此外,还有一些虽未被列入但依然被时人誉为名士的。司马师便是这一类。《三国志·魏书》裴松之注引《魏氏春秋》:

初,夏侯玄、何晏等名盛于时,司马景王亦预焉。晏尝曰:"唯深也,故能通天下之志,夏侯泰初是也;唯几也,故能成天下之务,司马子元是也;惟神也,不疾而速,不行而

---

[1]《世说新语·任诞》第1则。

至，吾闻其语，未见其人。"盖欲以神况诸己也。[1]

可见，司马师与正始名士有不少交游活动，且司马师的名士之名当之无愧，其在名望方面并不比正始名士差，故而何晏通过提及司马师、夏侯玄与自己的比较，拟欲提升自己的地位。当然，正始年间的司马师自己并不愿扬名。

名士精神的发展与继承往往需要好的社会环境，而魏晋名士却被困顿与选择所羁，不能在家国责任与精神的独立自由间找到契合点，于是不得不有所取舍。如果取舍是因环境所需而不得已，则表现为一种内在的规则；倘若发展至纯粹的模仿，则就失掉了这种可贵的精神内核，成了模拟游戏。《颜氏家训·名实》："有一士族，读书不过二三百卷……多以酒犊、珍玩交诸名士，甘其饵者，递共吹嘘。"[2]名士精神一旦失掉了德与独立人格的支撑，为模仿而模仿，就成了行为游戏，则名士的精神便也消失了。

若将魏晋南北朝历代置于整个中国古代历史纵轴中，除了东晋偏安、北魏拓跋享祚时间稍长，其他诸朝代都不过百年，与汉、唐、明、清相比，无疑皆为短命王朝。朝代的更迭不可避免地要有代价，或是在武力上扬尘角逐、铁骨金刀，或是在思想上暗剑交锋、言出若芒。朝政稳定，往往更能着力发展，养民进思；短命则守成尚未开幕，新的更迭便又急匆匆接踵登场，民无所养，思潮也不可能稳定。对于一个国家的发展如

---

[1]（晋）陈寿：《三国志》卷九，（晋）裴松之注，陈乃乾校点，中华书局1959年版，第267~306页。
[2]《颜氏家训集解》（增补本），王利器撰，中华书局1993年版，第308~309页。

魏晋名士的风尚与规约

此,对于个体人生也是如此。

汉末开始,"乱无象"的状态就一直在蔓延。名士聚集在邺城,期待能在保持人格独立的同时,实现积极的人生价值与理想,于是他们也通过积极的个体行为,参加各类交游活动与集体创作活动,对整个社会产生影响。

傅玄《举清远疏》总结了魏至西晋前期社会风尚的弊端:

> 近者魏武好法术,而天下贵刑名,魏文慕通达,而天下贱守节。其后纲维不摄,而虚无放诞之论,盈于朝野,使天下无复清议,而亡秦之病,复发于外矣。[1]

曹操所欣赏的并不是守成礼制与德行,而是有才略与胆识的人才,"唯才是举""得而用之"。[2]他并不提倡对儒家节士的一味崇拜,由其绝"寒食"的风俗便能见出其以法术之力与儒家思想的对抗。《明罚令》称:

> 闻太原上党、西河、雁门冬至后百有五日皆绝火寒食,云为介子推。子胥沈江,吴人未有绝水之事,至于推独为寒食,岂不悖乎!且北方沍寒之地,老少羸弱,将有不堪之患。令到,人不得寒食,若犯者,家长半岁刑,主使百日刑,令长夺一月俸。[3]

---

[1]《全晋文》卷四十六,见(清)严可均校辑:《全上古三代秦汉三国六朝文》,中华书局1958年版,第1721页。

[2]《全三国文》卷二,见(清)严可均校辑:《全上古三代秦汉三国六朝文》,中华书局1958年版,第1063页。

[3]《全三国文》卷二,见(清)严可均校辑:《全上古三代秦汉三国六朝文》,中华书局1958年版,第1061页。

曹操将士人的"有行"与"进取"分开对待。"夫有行之士，未必能进取，进取之士，未必能有行也。"能够在政治上积极进取，有没有儒家所要求的品行与廉耻之心等便不再重要。这种对人才的评价标准，必然会引发人们对何谓"名士"的评价与判断。曹操还发《举贤勿拘品行令》称：

> 昔伊挚、傅说，出于贱人，管仲，桓公贼也，皆用之以兴。萧何、曹参，县吏也，韩信、陈平负污辱之名，有见笑之耻，卒能成就王业，声著千载。吴起贪将，杀妻自信，散金求官，母死不归，然在魏，秦人不敢东向，在楚则三晋不敢南谋。今天下得无有至德之人放在民间，及果勇不顾，临敌力战；若文俗之吏，高才异质，或堪为将守；负污辱之名，见笑之行，或不仁不孝而有治国用兵之术。其各举所知，勿有所遗。[1]

如果能"临敌力战""堪为将守"，"有治国用兵之术"，那就不用问是否"有至德"、有"污辱之名，见笑之行"，甚至"不仁不孝"也可以举而用之。这种用人方式，引导人们改变了对以往以儒家修身至德为标准的名士评品，转向对功业的评价与追求。

延及曹魏初期，曹丕通达不拘的性格和治理方式，又与曹操重法术刑名不同。他作《太宗论》，认为汉文帝休养生息的做法才是社会治理的根本：

---

[1]《全三国文》卷二，见（清）严可均校辑：《全上古三代秦汉三国六朝文》，中华书局1958年版，第1065页。

昔有苗不宾，重华舞以干戚；尉佗称帝，孝文抚以恩德。吴王不朝，锡之几杖，以抚其意，而天下赖安。乃弘三章之教，恺悌之化，欲使曩时累息之民，得阔步高谈，无危惧之心。若贾谊之才敏，筹画国政，特贤臣之器，管、晏之姿，岂若孝文大人之量哉？〔1〕

与曹操复肉刑不同，曹丕则令"广议轻刑，以惠百姓"，名士的生活逐步安定，这对一个时代总体积极精神的形成无疑是有利的。

经历了从法术刑名到通达率真的社会政治变迁，以前备受推崇的至德精神价值无疑受到了冲击。名士的评价，也便指向了对社会功用与个体价值的追寻。魏初的名士，往往都积极投身于社会精神的构建。其后的思想变迁，仅观曹魏历任帝王，便可看出政治的变迁。曹魏五帝，从第三帝曹芳开始骤然变得年幼，曹芳9岁登帝位享祚16年，曹髦14岁登帝位享祚7年，曹奂15岁登帝位享祚6年，三帝分别以齐王、高贵乡公、陈留王终，故而《三国志·魏书》有《三少帝纪》，刘知几《史通·称谓》："天子见黜者，汉、魏已后，谓之少帝。"〔2〕三位少帝均在恰恰可以尝试独立亲政的年龄成为"黜帝"，期间的权力变迁对社会思潮的影响自然不言而喻。

对于曹睿以司马懿为托孤重臣之一，究竟利弊几何，史书聚讼尤多。论及所由，无非家与国两方面的考虑因素。曹操用

---

〔1〕《全三国文》卷七，见（清）严可均校辑：《全上古三代秦汉三国六朝文》，中华书局1958年版，第1061页。

〔2〕（唐）刘知几：《史通全译》，姚松、朱恒夫译注，贵州人民出版社1997年版，第206页。

司马懿，虽然经过了一定周折，[1]但曹操对司马懿一直都是用且疑的态度，这也符合曹操一贯的用人方式。《晋书·宣帝纪》载：

> 魏武察帝有雄豪志，闻有狼顾相，欲验之。乃召使前行，令反顾，面正向后而身不动。又尝梦三马同食一槽，甚恶焉。因谓太子丕曰："司马懿非人臣也，必预汝家事。"太子素与帝善，每相全佑，故免。[2]

史载帝王有异相者并不罕见：《史记·高祖本纪》载刘邦"为人，隆准而龙颜，美须髯，左股有七十二黑子"，[3]鼻子、面颊、胡须都特色鲜明，尤其与常人不同的是左腿上有七十二颗黑痣；刘备"身长七尺五寸，垂手下膝，顾自见其耳"；[4]孙权"形貌奇伟，骨体不恒"。[5]以上都是天生异相的标识。司马懿的"狼顾相"自然会引起曹操的特别关注，"非人臣""预汝家事"等已直意篡权夺位。曹操如此直接地提出疑虑，曹丕听闻后也不可能对此事不予以重视。即便如此，司马懿出仕伊始，曹操"使与太子游处"，可见对司马懿虽然不信任，但对其谋略与才能还是极为肯定的，曹丕也对司马懿有所倚

---

[1]《晋书·宣帝纪》载："魏武帝为司空，闻而辟之。帝知汉运方微，不欲屈节曹氏，辞以风痹，不能起居。魏武使人夜往密刺之，帝坚卧不动。及魏武为丞相，又辟为文学掾，敕行者曰：'若复盘桓，便收之。'帝惧而就职。"
[2]（唐）房玄龄等：《晋书》卷一，中华书局1974年版，第1~24页。
[3]（汉）司马迁：《史记》卷八，（南朝·宋）裴骃集解，（唐）司马贞索隐，（唐）张守节正义，中华书局1959年版，第342页。
[4]（晋）陈寿：《三国志》卷三十二，（晋）裴松之注，陈乃乾校点，中华书局1959年版，第871页。
[5]（晋）陈寿：《三国志》卷四十七，（晋）裴松之注，陈乃乾校点，中华书局1959年版，第1115页。

重。曹丕为太子后，身边游处之士众多，彼此唱和赠答，建安七子中的王粲、阮瑀等人都与曹丕以诗文相敬重，而司马懿"魏国既建，迁太子中庶子。每与大谋，辄有奇策，为太子所信重，与陈群、吴质、朱铄号曰'四友'"（《晋书》卷一），可推知司马懿在文采方面也不输于人，这在邺下的交游中至关重要。曹丕称帝后，司马懿先后为侍中、尚书右仆射等，后"与曹真、陈群等见于崇华殿之南堂，并受顾命辅政"，一直到曹睿"忍死"托孤。[1]这几十年其实一直都是司马懿逐步获得肯定的过程，也是司马家族实力逐步强化的过程。

在某种程度上，与蜀汉、东吴的频繁战事并不是这一时期思想发生变化的主要原因，而正始年间流行的风尚，才是改变人们思想的重要动因。景初三年（239年），曹睿临终本拟以燕王曹宇为大将军，夏侯献、曹爽、曹肇、秦朗等共同辅政，以宗室辅政的思路很明显。但最终改诏，《三国志·魏书·明帝纪》裴松之注引《汉晋春秋》记载是因为中书监刘放、中书令孙资等因旧怨从中作梗：

> 帝以燕王宇为大将军，使与领军将军夏侯献、武卫将军曹爽、屯骑校尉曹肇、骁骑将军秦朗等对辅政。中书监刘放、令孙资久专权宠，为朗等素所不善，惧有后害，阴图间之，而宇常在帝侧，故未得有言。甲申，帝气微，宇下殿呼曹肇有所议，未还，而帝少间，惟曹爽独在。放知之，呼资与谋。资

---

[1]《三国志》卷三："三年春正月丁亥，太尉宣王还至河内，帝驿马召到，引入卧内，执其手谓曰：'吾疾甚，以后事属君，君其与爽辅少子。吾得见君，无所恨！'宣王顿首流涕。"裴松之注引《魏氏春秋》曰："时太子芳年八岁，秦王九岁，在于御侧。帝执宣王手，目太子曰：'死乃复可忍，朕忍死待君，君其与爽辅此。'宣王曰：'陛下不见先帝属臣以陛下乎？'"

曰："不可动也。"放曰："俱入鼎镬，何不可之有？"乃突前见帝，垂泣曰："陛下气微，若有不讳，将以天下付谁？"帝曰："卿不闻用燕王耶？"放曰："陛下忘先帝诏敕，藩王不得辅政。且陛下方病，而曹肇、秦朗等便与才人侍疾者言戏。燕王拥兵南面，不听臣等入，此即竖刁、赵高也。今皇太子幼弱，未能统政，外有强暴之寇，内有劳怨之民，陛下不远虑存亡，而近系恩旧。委祖宗之业，付二三凡士，寝疾数日，外内壅隔，社稷危殆，而己不知，此臣等所以痛心也。"帝得放言，大怒曰："谁可任者？"放、资乃举爽代宇，又白"宜诏司马宣王使相参"，帝从之。放、资出，曹肇入，泣涕固谏，帝使肇敕停。肇出户，放、资趋而往，复说止帝，帝又从其言。放曰："宜为手诏。"帝曰："我困笃，不能。"放即上床，执帝手强作之，遂赍出，大言曰："有诏免燕王宇等官，不得停省中。"于是宇、肇、献、朗相与泣而归第。[1]

　　此次改诏，曹睿虽病笃，但若说他完全没有经过仔细考虑，任由刘放等人肆意而为，可能也并不尽然。继承帝位的曹芳"幼弱"，又是养子，从某种角度来看，根基并不牢固，尤其是历经汉末战乱，天下尚未统一，辅臣的内部格局尤为重要。而先诏的辅政团体成员，表面上看都是曹氏宗族至亲，但实际上个体背景较为复杂。曹魏对亲近宗族向来都存有疑虑，血缘越近，疑虑越重。刘放所言的"先帝诏敕，藩王不得辅政"正是利用了这一实情。而曹宇为曹操子、曹丕弟，"燕王拥兵南面，不听臣等入"，无论事情实情如何，从曹睿的视

---

〔1〕（晋）陈寿：《三国志》卷三，（晋）裴松之注，陈乃乾校点，中华书局1959年版，第113页。

角，总会引起猜测。曹宇以外，夏侯献因曹操祖父曹嵩与夏侯氏有特殊关系，"夏侯氏之子，夏侯惇之叔父"（《三国志》卷一裴松之注）；曹爽祖父曹邵只是曹操同宗之人，因其为曹操招兵而亡，"祖哀真少孤，收养与诸子同，使与文帝共止"。[1] 曹肇父曹休，曹操"待若亲子"；秦朗也是曹操养子。除了曹宇，其余都不是曹氏至亲，故而刘放称为"恩旧"。

以宗亲为首，养子族人等为辅佐，形成彼此有一定牵制作用的布局，似乎是符合当时实际的合理布局。但是隐患依然不能避免。王夫之《读通鉴论》指出曹魏"无人"的隐患在这一时期已经形成：

> 魏之亡，自曹丕遗诏命司马懿抚政始。懿之初起为文学掾，岂夙有夺魏之心哉？魏无人，延懿而受之耳。懿之视操，弗能若也。操之威力，割二袁、俘吕布、下刘表、北扫乌桓，而懿无其功；操迎天子于危乱之中，复立汉之社稷，而懿无其名。魏有人，懿不能夺也。[2]

"魏无人"，对外不能御敌，对内不能得人而用，在此次初拟辅政体现得极为明显。曹魏确实亟须一个中流砥柱式的人物。曹宇本可以特殊身份担当此重任，可惜他不是一个能坚持己见的人。司马光称其"性恭俭"，其实已经指出了他性格中的问题：比较安分且过于拘谨，不敢突破成规做事。其后，曹髦不依司马昭意思行事被废，被扶立的也正是曹宇之子曹奂。

---

[1]（晋）陈寿：《三国志》卷九，（晋）裴松之注，陈乃乾校点，中华书局1959年版，第267~306页。

[2]（清）王夫之：《读通鉴论》卷十，中华书局1975年版，第310页。

秦朗在曹睿时才受到重视，不管他性情如此还是以愚低调避祸，"四方"皆知"朗无能为益"。[1]故而，闻司马睿改诏，令不得在帝王左右，他们连缘由也不打听，便"相与泣而归第"。

既然"无人"的局面已成事实，则在鼎立局面中的国家的命运也就岌岌可危了，选择司马懿是非常有必要的。曹睿"忍死"而待、匆诏司马懿回京，"三日之间，诏书五至"，也有不得已的原因（《晋书》卷一）。

改诏后的辅政要臣，表面上均衡了曹氏宗族与外姓大族，均衡了内朝与外镇，形成了互为牵制的态势。于是，曹芳继位后第二年改年号为正始。曹爽又逐步"专擅朝政"（《晋书》卷一），高调而张扬，甚至故意以僭越礼法显势。"饮食车服，拟于乘舆；尚方珍玩，充牣其家；妻妾盈后庭"，僭用皇帝仪仗，又以曹睿才人为歌伎，"又私取先帝才人七八人，及将吏、师工、鼓吹、良家子女三十三人，皆以为伎乐。诈作诏书，发才人五十七人送邺台，使先帝婕妤教习为伎。擅取太乐乐器，武库禁兵。作窟室，绮疏四周，数与晏等会其中，饮酒作乐"（《三国志》卷九）。这样的高调极容易使人处于一种不真实的盲目自信之中。正始九年，趁李胜出任荆州刺史的机会，曹爽派李胜去探司马懿的虚实。《三国志·曹爽传》裴松之注引《魏末传》：

> 爽等令胜辞宣王，并伺察焉。宣王见胜，胜自陈无他功劳，横蒙特恩，当为本州，诣合拜辞，不悟加恩，得蒙引见。宣王令两婢侍边，持衣，衣落；复上指口，言渴求饮，婢进

---

[1] （晋）陈寿：《三国志》卷三，（晋）裴松之注，陈乃乾校点，中华书局1959年版，第100页。

粥，宣王持杯饮粥，粥皆流出沾胸。胜愍然，为之涕泣，谓宣王曰："今主上尚幼，天下恃赖明公。然众情谓明公方旧风疾发，何意尊体乃尔！"宣王徐更宽言，才令气息相属，说："年老沈疾，死在旦夕。君当屈并州，并州近胡，好善为之，恐不复相见，如何！"胜曰："当还忝本州，非并州也。"宣王乃复阳为昏谬，曰："君方到并州，努力自爱！"错乱其辞，状如荒语。胜复曰："当忝荆州，非并州也。"宣王乃若微悟者，谓胜曰："懿年老，意荒忽，不解君言。今还为本州刺史，盛德壮烈，好建功勋。今当与君别，自顾气力转微，后必不更会，因欲自力，设薄主人，生死共别。令师、昭兄弟结君为友，不可相舍去，副懿区区之心。"因流涕哽咽。胜亦长叹，答曰："辄当承教，须待敕命。"胜辞出，与爽等相见，说："太傅语言错误，口不摄杯，指南为北。又云吾当作并州，吾答言当还为荆州，非并州也。徐徐与语，有识人时，乃知当还为荆州耳。又欲设主人祖送。不可舍去，宜须待之。"更向爽等垂泪云："太傅患不可复济，令人怆然。"（《三国志》卷九）

通过装病佯狂的方式避祸是魏晋人惯用的伎俩，稍后阮籍醉酒、张翰思蓴与此异曲同工，且司马懿的这一伎俩在曹操时即已被识破：

魏武帝为司空，闻而辟之。帝知汉运方微，不欲屈节曹氏，辞以风痹，不能起居。魏武使人夜往密刺之，帝坚卧不动。及魏武为丞相，又辟为文学掾，敕行者曰："若复盘桓，便收之。"帝惧而就职。（《晋书》卷一）

导论　魏晋名士及其时代

司马懿故伎重演，曹爽居然就轻易相信了，可见，曹爽专权凭借的根本就不是本人的谋略，而是虚妄的胆量与过度自信。曹爽弟曹羲"深以为大忧，数谏止之。又著书三篇，陈骄淫盈溢之致祸败"，甚至"以谏喻不纳，涕泣而起"，曹爽也不以为戒。由此推及，《三国志》《晋书》载曹爽被付以重任纯属机缘巧合，也并不见得完全是晋人的虚妄贬低之辞。

期间活动的正始名士，一方面积极引领思潮风尚，营造"有人"且重人才的景象，一方面也被这种过于追求权力、功业的虚荣心所蒙蔽。正始年间倡导以论难、评判的方式研究学问，对经典的解释思路也与以往不同："第一步是调和孔老，提高老子的地位，与孔子平等。到了后来，老庄的地位巩固了，再来把孔子一脚踢倒。"[1] 围绕标榜时代创新与学术构建的新风尚与新思潮，这一时期也形成了一个个颇有利益关联的交游活动群体。以何晏、王弼、夏侯玄等人为首，当然也包括曹羲、郑冲、孙邕、荀颢等正始名士，共同形成了当时社会风尚的标杆。但这些人大多属突发显贵，以学问的方式求新立异，其为人的不足也多为人诟病。"晏等专政，共分割洛阳、野王典农部桑田数百顷，及坏汤沐地以为产业，承势窃取官物，因缘求欲州郡。有司望风，莫敢忤旨。晏等与廷尉卢毓素有不平，因毓吏微过，深文致毓法，使主者先收毓印绶，然后奏闻。其作威如此。"（《三国志》卷九）名士的行动一旦在缺失精神价值的前提下进行，其对整个社会思潮的推动作用便会被削弱。正始年间，虽然发生了思想上由崇儒向崇玄转变的痕迹，但是从对社会之治的影响而言，实际上依然延续着"魏

---

[1] 刘大杰：《魏晋思想论》，林东海导读，上海古籍出版社1998年版，第23页。

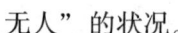

无人"的状况。

再看司马懿在高平陵之变中采取行动时,谋略之锋芒,远非曹爽所能及。《晋书·宣帝纪》载:

> 帝于是奏永宁太后废爽兄弟。时景帝为中护军,将兵屯司马门。帝列阵阙下,经爽门。爽帐下督严世上楼,引弩将射帝,孙谦止之曰:"事未可知。"三注三止,皆引其肘不得发。大司农桓范出赴爽,蒋济言于帝曰:"智囊往矣。"帝曰:"爽与范内疏而智不及,驽马恋栈豆,必不能用也。"于是假司徒高柔节,行大将军事,领爽营,谓柔曰:"君为周勃矣。"……爽不通奏,留车驾宿伊水南,伐树为鹿角,发屯兵数千人以守。桓范果劝爽奉天子幸许昌,移檄征天下兵。爽不能用,而夜遣侍中许允、尚书陈泰诣帝,观望风旨。帝数其过失,事止免官。泰还以报爽,劝之通奏。帝又遣爽所信殿中校尉尹大目谕爽,指洛水为誓,爽意信之。桓范等援引古今,谏说万端。终不能从,乃曰:"司马公正当欲夺吾权耳。吾得以侯还第,不失为富家翁。"……既而有司劾黄门张当,并发爽与何晏等反事,乃收爽兄弟及其党与何晏、丁谧、邓扬、毕轨、李胜、桓范等诛之。蒋济曰:"曹真之勋,不可以不祀。"帝不听。(《晋书》卷一)

司马懿显然是经过深思熟虑而为之,一切都安排得井然有序。其行事能力与曹爽对比,高下差异非常明显。有关这一段历史记载的可靠性以及书写的人为因素等,可暂且不论,对于历史的演绎,人们作出评价时的态度本就不可能完全一致。《三国志·蜀书·费祎传》裴松之注引殷基通语:

> 司马懿诛曹爽,祎设甲乙论平其是非。甲以为曹爽兄弟凡

导论　魏晋名士及其时代

品庸人，苟以宗子枝属，得蒙顾命之任，而骄奢僭逸，交非其人，私树朋党，谋以乱国。懿奋诛讨，一朝殄尽，此所以称其任，副士民之望也。乙以为懿感曹仲付己不一，岂爽与相干？事势不专，以此阴成疵瑕。初无忠告侃尔之训，一朝屠戮，挽其不意，岂大人经国笃本之事乎！若爽信有谋主之心，大逆已构，而发兵之日，更以芳委爽兄弟。懿父子从后闭门举兵，蔑而向芳，必无悆宁，忠臣为君深虑之谓乎？以此推之，爽无大恶明矣。若懿以爽奢僭，废之刑之可也，灭其尺口，被以不义，绝子丹血食，及何晏子魏之亲甥，亦与同戮，为僭滥不当矣。[1]

就曹马之争的结果与行事方式，时人已有不同看法。而身处其中的名士，其实已经没有了建安邺下的积极功业之心，历经三国的局面、曹操的"重法术"与曹丕的"重通变"，名士对待功业的态度与汉代不同，忠君已不是最高理想，人们更关注的是实现自我的价值。正始名士的结局，让习惯了权力游戏的名士进一步从功业中逐步游离，更加珍惜并守护自己的精神家园。在个体价值的实现与社会思潮方面，就更进一步将个体价值与忠君剥离开来。魏晋风尚于是便在适应这样一个时代的前提下，反思人的价值，探寻人格精神的内涵，发现个体的存在与社会的关系。

西晋的短暂统一在人们的反思与探索中实现，对于一个从长期战乱已经对社会经济造成巨大破坏的基础上重新起步的时代，要从殇羸中彻底复原，需要一个长期的积累过程，而西晋迅速便进入了"太康盛世"的繁荣：

---

[1]（晋）陈寿：《三国志》卷四十四，（晋）裴松之注，陈乃乾校点，中华书局1959年版，第1062页。

魏晋名士的风尚与规约

太康之中,天下书同文,车同轨,牛马被野,余粮栖亩,行旅草舍,外间不闭……故于时有天下无穷人之谚。

平吴之后……天下无事,赋税平均,人咸安其业而乐其事。[1]

显然,这一盛世景象来得太快、太匆忙,国家的政治、经济并未能完全复苏,对华丽、奢靡、铺张、繁芜的追求便已经迫不及待地铺开,王侯不愿意"就国"便是一例。汉代诸侯王有封地、有兵权,"藩国大者夸州兼郡,连城数十",外姓篡夺中央诸侯王可拥兵而救,吕氏乱朝,刘恒就是以诸侯王身份进京的。而曹魏的诸王则不同,封国小,几乎没有实权,"寮属皆贾竖下才,兵人给其残老,大数不过二百人",[2]没有行动自由,"游猎不得过三十里",诸王还必须受监控,"设防辅、监国之官以伺察之"。[3]曹植就曾因与曹彪"欲同路东归,以叙隔阔之思,而监国使者不听"而作《赠白马王彪》。"魏无人",朝中没有得力的宗室成员也是一个重要方面。司马炎为避免重蹈覆辙,"惩魏氏孤立之敝,故大封宗室",[4]泰始元年便"封诸王以郡为国":

邑二万户为大国,置上中下三军,兵五千人;邑万户为次国,置上军下军,兵三千人;五千户为小国,置一军,兵千五

---

[1] (唐)房玄龄等:《晋书》卷二十六,中华书局1974年版,第791页。
[2] (晋)陈寿:《三国志》卷十九,(晋)裴松之注,陈乃乾校点,中华书局1959年版,第576页。
[3] (晋)陈寿:《三国志》卷二十,(晋)裴松之注,陈乃乾校点,中华书局1959年版,第592页。
[4] (宋)司马光:《资治通鉴》卷九十九,胡三省音注、"标点资治通鉴小组"校点,中华书局1956年版,第2493页。

导论　魏晋名士及其时代

百人。王不之国，官于京师。〔1〕

诸王的待遇和实际地位与曹魏时期已有不同，可以在国家监管的前提下"其仕在天朝者，与之国同，皆自选其文武官"。〔2〕但是，西晋的分封，"非皇子不得为王，而诸王之支庶，皆皇家之近属至亲，亦各以土推恩受封"，而且有功勋的大臣也可根据功勋的大小享受"大国""次国""小国"的优待。这样，诸王所受也就不是特殊待遇了，于是他们更愿意在京享受"王家人衣食皆出御府"的优待而不愿意就国，强派就国时"皆恋京师，涕泣而去"。〔3〕司马攸因复杂的政治原因被令就国，结果"攸不悦"，被逼就国后，"愤怨发疾"而薨。〔4〕

西晋一朝四帝，终于帝位仅有司马炎一人。期间，洛阳城里一篇繁荣景象，尤其是在灭吴后，司马炎本人沉溺于统一的盛大功业中，错过了战乱后休养生息的经济积累与思想安抚的最佳时期。司马衷即位时已过而立之年，按理说能政从己出，在位也达17年之久，这本可对已经错过的时机进行补偿，更进一步恢复经济、蓄养国力。然而，整个社会普遍追求繁芜与奢靡的风气在他即位之前已经养成，使得西晋又错过了一次良机。他在位后，年号非"宁"即"安"，非"建"即"永"，反映的无非就是两个美好的愿望，能长久一些、太平一些。但事实上，年号却又频频变化、未能长久，甚至出现了一年之内屡次改变的现象。

---

〔1〕（唐）房玄龄等：《晋书》卷十四，中华书局1974年版，第414页。
〔2〕（唐）房玄龄等：《晋书》卷二十四，中华书局1974年版，第745页。
〔3〕（唐）房玄龄等：《晋书》卷二十四，中华书局1974年版，第745页。
〔4〕（唐）房玄龄等：《晋书》卷三十八，中华书局1974年版，第1134页。

社会普遍追求繁芜与奢靡，必然会引起权力欲与私欲的极度膨胀。司马炎有文韬武略，尚能维持一种有序局面，而在位的帝王稍无韬略，各种问题就接踵而至。整个元康年间，贾后肆意而行，元康后诸王以各种理由征讨混战，无一不是在为满足自己的私欲而行动，朝野间本来尚存的些许约束力的规则进一步被打破。在一个国家内乱外患的境况中，人人自危，国家已经无力重新回归有序。

西晋的速亡，过于浮躁、激进地对繁芜的盲目追求，失掉原本应有的思想根基是非常重要的方面。极速繁芜而至极速崩溃，朝夕变迁，思想缺乏稳定巩固而成形的必然阶段，人们便又陷入了文化多元的挑战中，名士跌宕于其间，个体的价值依然没有实现的空间。

自南下避乱江左开始，"王与马共天下"，世家大族在政治中的力量就不可小觑，南下的王、谢、袁、萧等，扎根于江南的朱、张、顾、陆，有足够的实力对抗司马王室。大家族之间，为了家族地位、家族威望，需要有中流砥柱式的人物，需要不断地作出调整。

东晋诸帝，在位时间普遍不长，且即位年龄也不大。其他朝代，造成这种情况的往往是弑废，但东晋却不同，除海西公司马奕因桓温"废海西，立简文"而成为东晋唯一的废帝、恭帝司马德文成为东晋诸帝中唯一被废杀的帝王以外，其他帝王基本上都属于英年早逝。而且，东晋四位在位时间较长的帝王，恰恰即位时年龄较小。即位年龄小，在位时间长本是合理的，但众所周知，过于年幼的帝王背后总会有各种不稳定因素蠢蠢欲动，而东晋则出奇地安定。年仅2岁就登基即位的司马聃，亲政前十多年都是以摄政与辅政的方式处理国家政务，即便如此，永和年间尚有实现"克复神州"愿望的积极北伐之举。王羲之于"永和九年"组织了文人盛会兰亭雅集，聚群贤抒志，足见政治经济与文化环境氛围都比较稳定。另外，5岁即位的司马衍、11岁即位的司马曜也都未达到能亲自治理国家的实际年龄，15岁的司马德宗虽然年龄上接近了，但史载其"自少及长，口不能言，虽寒暑之变，无以辩也"。[1]以上弱主在位，却能长久安定，是东晋偏安后一个非常重要的特点。东晋并不是没有觊觎之人，但弱主的背后必然有坚定而强大的规则或力量，让国家能在北方强大的军事压力与国家政治不时的跌宕中长治久安。

另外，有长治久安之势，就该不苟志于偏安一隅，然则，东晋的北伐寥寥几无，间或有之，却又草草未果。陈寅恪认为其中的原因有四：

一为物力南不及北，二为武力南不及北，三为运输困难，四为南人不热心北伐，北人也不热心南人的恢复。[2]

如果说前三者为客观因素，则最后一因确实是与当时士人，尤其是集权力与思潮引领作用于一身的累世高门人物的心态与决策有关。而东晋的名士，也往往与这些累世高门有着各种千丝万缕的联系。

名士是生活在特殊时代背景中的人，时代的思潮、政治权力的归属、功业环境的变迁、社会秩序的调适，无一不在他们

---

[1] （唐）房玄龄等：《晋书》卷十，中华书局1974年版，第267页。
[2]《陈寅恪魏晋南北朝史讲演录》，万绳楠整理，贵州人民出版社2012年版，第202页。

的思想与行为中留下痕迹，成了一个时代的风尚，也成了名士追寻理想，保持人格精神的独立规约。

魏晋名士的精神风貌与行为举止，后人统称为魏晋风度。古人称"风度"往往更注重精神气度，魏晋品鉴人物，论及风操，与此相近。陆机表荐贺循、郭讷，称贺循"德量邃茂，才鉴清远，服膺道素，风操凝峻"[1]、郭讷"风度简旷，器识朗拔，通济敏悟，才足干事"，都是从个人精神气质方面进行的评价，对个体政治才能、行为操守等表现出的整体精神风格予以认同。南朝宋范晔论窦融："尝独详味此子之风度，虽经国之术无足多谈，而进退之礼良可言矣。"[2]将"经国之术"与"进退之礼"并称，优劣并举来评价，延续了魏晋人对人物精神风貌评价的特点。可见，风度并不见得就是夸赞某一种行为或风貌特征，而是带有一定客观评价的意味，就其指向而言，更倾向于个体在时代中的选择与才华。

也有称魏晋名士精神风貌为风流的。风流本有风气流变之意，故班固叙作《礼乐志》，称"厥后崩坏，郑卫荒淫，风流民化，湎湎纷纷"，[3]又叙刘恒宽刑，"风流笃厚，禁罔疏阔"，[4]又论《诗》之风化，"《秦诗》曰：'王于兴师，修我甲兵，与子皆行。'其风声气俗自古而然，今之歌谣慷慨，风

---

[1]（唐）房玄龄等：《晋书》卷六十八，中华书局1974年版，第1824、1825页。

[2]（南朝·宋）范晔：《后汉书》卷二十三，（唐）李贤等注，中华书局1965年版，第809页。

[3]（汉）班固：《汉书》卷一百下，（唐）颜师古注，中华书局1962年版，第4241~4242页。

[4]（汉）班固：《汉书》卷二十三，（唐）颜师古注，中华书局1962年版，第1097页。

导论　魏晋名士及其时代

流犹存耳"。[1]至魏晋后期以至南朝，风流逐渐指个体的行为特征。范晔称"汉世之所谓名士者，其风流可知矣"，[2]以风流指代某一类人所存有的精神特质，仍倾向于一种较为客观的评价，对于处于某一特定时代的名士而言，就是指一种带有时代气息与传承特质的独特风貌。由此，唐前所言风流，与风度的含义已经极为接近，但风流更倾向于对传统精神的继承与革新，风度更关注个体在时代中的表现，从这一意义上言，风流更能代表某一时代中具有一定知识与作为传承主要载体的士人的精神追求与价值流变。

关于魏晋风流与社会政治的关系，自南北朝便有不同看法。刘裕出身寒族，对名士风流颇为追慕，"少事戎旅，不经涉学，及为宰相，颇慕风流，时或言论，人皆依违之，不敢难也"。[3]即便身为宰相，具有极高的政治地位，也不能代替名士风流，反而要追慕风从，名士风流的影响力由此可见。但另一方面，南朝时期与魏晋不同，名士风流的行为能代表社会的追慕风尚，却仅仅停留在了追慕风尚的层面。《南史》载袁彖谓陆慧晓曰："齐氏微弱，已数年矣。爪牙柱石之臣都尽，所余惟风流名士耳，若不立长君，无以镇四海。"[4]名士仅仅靠风流行为，已经不具有"镇四海"的影响力，且人们已经开

---

[1] （汉）班固：《汉书》卷六十九，（唐）颜师古注，中华书局1962年版，第2999页。
[2] （南朝·宋）范晔：《后汉书》卷八十二，（唐）李贤等注，中华书局1965年版，第2724页。
[3] （梁）沈约：《宋书》卷六十四，中华书局1974年版，第1696页。
[4] 此论见于《南史》而《梁书》《南齐书》均不载，《廿二史札记》卷十言及"《竟陵王子良传》，所删亦最多"，"然亦有增者"，此为增之一例。（清）赵翼：《廿二史劄记校证》，王树民校证，中华书局1984年版，第212页。

魏晋名士的风尚与规约

始认识到"风流名士"实际上并不能承担或替代"爪牙柱石之臣"的作用，在国家稳定与建设方面，反而会起到不利的影响。齐梁之际，名士以围绕在帝王左右的累世高门子弟与新贵素族为主，名士追慕探讨声律文章、追慕民间歌谣新声，居其位而以"清贵"为事已成为一种时尚，故而不能替补"爪牙柱石之臣"。无论名士在社会中的影响力如何，"名士"的"风流"都只能成为社会繁华的点缀，成为看上去花团锦簇实际上却缺乏了温度的流变之风。风流便也渐渐失去了对时代与传承精神的回照，成了以个体风格展示为主的风尚品貌。

魏晋名士既是时代风流的载体，对社会的时代思潮的形成与改变有特殊的意义，但他们骨子里尚不能抛开传统，尤其是儒家对国家、社会积极关注与参的传统，虽然汉代以来，随着儒学经学化的出现，传统本身已经发生了变化：

汉武帝时代起来的儒家，虽顶着孔子那块老招牌，其学说已经不是孔子的真面目了。他们那时所倡导的，是《春秋》内面的微言大义。最重要的便是那大一统与受命改制的学说。因了这些理论，他们主张罢黜百家，统一思想，建立绝对的君权统治。同时采取邹衍一派的终始五德说，主张改正朔、易服色，再加以阴阳五行说，构成一套极其巧妙神秘的天人感应的政治哲学。这种哲学于社会民生并没有什么好处，不过替皇帝装点，使他的地位更加巩固而已。于是当代的儒家，带了很浓厚的方士气味，哲学成了迷信的宗教……我们至少可以相信，当代流行的那种儒教加迷信的神鬼哲学，已为一般思想前进的青年所反对。只要政治的力量一动摇，它的地位就要受致命的

导论 魏晋名士及其时代

打击的。[1]

这种变化，刘大杰称之为儒家思想方面的"堕落"。尽管如此，"思想先进的青年"会有所觉醒，通过"反对"的方式尝试加以修正或补充，其实便是探讨时代精神何去何从。汉末政治力量的动摇恰恰又使时代精神有了对传统进行重新解读与重构的机会。但实际上，名士始终都未曾放弃对传统儒家思想的继承与探究。儒学一直都是中国古代士人的精神家园，也是中国古代最具有普遍性的时代精神。然而，魏晋又是一个特殊的时代，朝代的更迭、士人生命的易逝、对家国关系的思考，无一不改变着士人对传统遗风的重新思考与改造。

由此，风度便成了魏晋名士探求个体价值、追寻独立人格的重要行为方式，也成了这个时代名士的标志。

我们今天论及魏晋名士的行为与思想风尚，多以风度或风流称。鲁迅《魏晋风度及文章与药及酒之关系》称孔融是"以气为主"写文章的代表、何晏为"空谈的祖师"与"吃药的祖师"，指出"嵇康的害处是在发议论；阮籍不同，不大说关于伦理上的话，所以结局也不同"，[2]这些名士都是当时具有相当影响力与处于思想先导地位的人物，他们的行为与思想，往往会成为开一代风气的重要标识，鲁迅以魏晋风度总而概之。冯友兰在《论风流》中专门论及"大都取自《世说新

---

[1] 刘大杰：《魏晋思想论》，林东海导读，上海古籍出版社1998年版，第9~10页。

[2] "魏晋风度及文章与药及酒之关系"，载《鲁迅全集》（第3卷·而已集），人民文学出版社2005年版，第523~539页。

语》"的名士风流,提出"真名士、真风流的人"构成的四个则件:其一为"必有玄心","玄心可以说是超预感";其二为"必须有洞见",也即"不藉推理,专凭直觉,而得来的对于真理的知识";其三"必须有妙赏","就是对于美的深切的感觉";其四"必有深情"。且四者之间并不是孤立存在的:

> 真正风流的人有深情。但因其亦有玄心,能超越自我,所以他虽有情而无我,所以其情都是对于宇宙人生的情感。不是他自己叹老嗟卑。
>
> 真正风流的人,有情而无我,他的情与万物的情有一种共鸣。他对于万物,都有一种深厚的同情。〔1〕

无论是风度还是风流,都不是止步于容貌言谈,而是有深刻的人格体悟与精神内涵,这种个体的精神内涵又与万物认知、家国情怀相关联。不同的政治环境与思想引领,酝酿着名士们多样的风尚,形成了魏晋风度非常重要的精神内涵,每一种风尚与行为都能体现出名士们对时代的看法与思想上的认同态度,这便是名士内心的规约。

---

〔1〕 冯友兰:《三松堂学术论集》,北京大学出版社1984年版,第609~617页。

第一章 服药风尚与内心规约

第一节 服药风尚的盛行

苏轼认为服药的风尚始于何晏:"世有食钟乳乌喙而纵酒色,所以求长年者,盖始于何晏。晏少而富贵,故服寒食散以济其欲,无足怪者。"[1]鲁迅《论魏晋风度及文章与药及酒之关系》称:"何晏有两件事我们是知道的。第一,他喜欢空谈,是空谈的祖师;第二,他喜欢吃药,是吃药的祖师。"[2]空谈姑且搁置,先看"吃药的祖师"。

《世说新语》载:

> 何平叔云:"服五石散,非唯治病,亦觉神明开朗。"[3]

何晏所服之药为"五石散",依据古代医书记载及今人考证,主要的成分为五味石药。此则下刘孝标注引《寒食散论》:"寒食散之方虽出汉代,而用之者甚寡,靡有传焉。魏

---

[1](宋)苏轼:《东坡志林》,王松龄点校,中华书局 1981 年版,第 108 页。
[2]"魏晋风度及文章与药及酒之关系",载《鲁迅全集》(第 3 卷·而已集),人民文学出版社 2005 年版,第 528 页。
[3]《世说新语·言语》第 14 则。

尚书何晏首获神效，由是大行于世，服者相寻也。"五石散汉代就有，不过汉人用五石散很可能是作为配料，不会滥用。何晏则改了以往用途，使之成为风靡一时的常服之药，"大行于世，服者相寻"。入晋以后，也有人专门研究解药，《三国志·魏书》裴松之注言及曹魏宗室曹翕曾"撰解寒食散方，与皇甫谧所撰并行于世"，[1]两种解药同时并行，足见服药之普遍及其副作用已明显被发现，探讨如何解除这些副作用也成了人们探索的要点。一方面蔚然成风，一方面又在努力探讨解方，两种貌似矛盾的有关服药的行为一直并行延续入唐。

药成为普遍服用的食材，必然有人们"赋予"它神奇的功用。其中，何晏所起的作用最为关键。何晏并未否认五石散的药理作用，言其能"治病"，但又指出"非唯治病"，强调其真正的作用绝不仅仅是治病而已，还有其他非一般的特殊"神效"。具体而言，最为重要的便是"觉神明开朗"。

"神明开朗"不失为一种脱离了生理作用的整体精神方面的体验，其中至少包含了两个层面的主体视角：第一是他人视角中的"神明开朗"，也即一个人给他人的整体印象；第二是自我感觉状态极佳，自觉有"神明开朗"之感。无论"觉"的主体是他人还是本人，所体会到的结果都是一种难以从客观角度描绘的精神状态，很难用现代常用的词汇逐字译出，其大体上接近于现在人们常说的很精神、很清爽。

倘若将"神明开朗"置于何晏，确实也有可对照之处。自时人至今人，对何晏人品评说不一，但对于他的外表"神明开朗"方面，却基本上无异议。众所周知的便是有"傅粉

---

[1] （晋）陈寿：《三国志》卷二十，（晋）裴松之注，陈乃乾校点，中华书局1959年版，第589页。

"何郎""粉郎"美称的何晏面部之白,最符合当时人们追求的美的标准。

何平叔美姿仪,面至白;魏明帝疑其傅粉。正夏月,与热汤饼。既啖,大汗出,以朱衣自拭,色转皎然。[1]

魏晋人傅粉并非奇异举止,据载曹植、王济等人也曾敷面。面白是时人仪容方面审美的重要方面,何晏的白,并非外饰妆容所致,而是天质自然。不仅如此,当时的其他名士,普遍面白,夏侯玄便是其中之一:

魏明帝使后弟毛曾与夏侯玄共坐,时人谓"蒹葭倚玉树"。
时人目"夏侯太初朗朗如日月之入怀,李安国颓唐如玉山之将崩"。[2]

史载此次与毛曾共坐,因夏侯玄面露不悦,甚至得罪了曹睿。[3]从性格上,何晏、夏侯玄都不内敛,何晏自信地啖面拭汗、夏侯玄鄙夷毛曾,都透露出了他们的自信与自得。与二人交游较频繁的名士,也都不失气韵,各有风度,这在一个注重名士品评的社会中,自然会引发羡慕之感,也自然会让人们联想到他们共有的服药行为,进而争相模拟。

与之相应,何晏也常自觉"神明开朗",走路着装都不同寻常,以至于无节制地"耽声好色"。何晏做事喜高调张扬,

---

[1]《世说新语·容止》第2则。
[2]《世说新语·容止》第3、4则。
[3]《三国志·魏书》本传:"玄字太初。少知名,弱冠为散骑黄门侍郎。尝进见,与皇后弟毛曾并坐,玄耻之,不悦形之于色。明帝恨之,左迁为羽林监。"

对于好色与服药的"爱好",自然也不会保持低调。于是人们便会猜测,何晏流连声色定有保持旺盛精力的特殊方式,由此,服石与体力之间便自然被想当然地联系起来,成为神效。加之正始年间何晏具有显要的政治地位,在思想界具有相当高的权威,无疑又对这种风尚的流行起到了推波助澜的作用。人们一边强调五石散具有不可思议的神奇药效,一边也将是否能长期服用五石散作为人物身份与思想的标识。在强调药效方面,嵇含曾作《寒食散赋》,专门就五石散具有的神奇药效进行了描绘与盛赞:

余晚有男儿,既生十朔,得吐下积,日羸困危殆。决意与寒食散,未至三旬,几于平复。何矜孺子之坎轲,在孩抱而婴疾。既正方之备陈,亦旁求于众术。穷万道以弗损,渐丁宁而积日。尔乃酌醴操散,商量部分,进不访旧,旁无顾问。伟斯药之入神,建殊功于今世,起孩孺于重困,还精爽于既继。[1]

新生婴儿有疾,"旁求众术"而不得,服用五石散后,"几于平复""还精爽于既继"。此赋文今存不完整,但从仅存的部分,仍能体会到嵇含对其药效的惊叹。嵇含曾作《南方草木状》,对草木药效并不陌生,而在此赋文中,除了对疾病治愈的欣喜,其还表现出了对五石散药效的推崇。史载裴秀、皇甫谧等人都曾服散,王羲之、王献之书帖中也有"消散""服散"的记载,足见经何晏神效的推广,服用五石散已经成为名士日常生活的一个部分。

---

[1] (唐)欧阳询等:《艺文类聚》卷七十五,汪绍楹校,上海古籍出版社1965年版,第1292页。

第一章 服药风尚与内心规约

值得注意的是,长期大量服用五石散对身体并不见得有益,孙思邈《千金翼方》卷二十二专列"解石及寒食散并下石",称"凡是五石散先名寒食散者,言此散宜寒食,冷水洗取寒,惟酒欲清,热饮之,不尔即百病生焉"。[1]《梦溪笔谈》论及时也称:

> 按《乳石论》云:"石性虽温而体本沈重,必待其相蒸薄然后发。"如此,则服石多者,势自能相蒸,若更以药触之,其发必甚。五石散杂以众药,用石殊少,势不能蒸,须藉外物激之令发耳。如火少,必因风气所鼓而后发;火盛,则鼓之反为害,此自然之理也。故孙思邈云:"五石散大猛毒。宁食野葛,不服五石。遇此方即须焚之,勿为含生之害。"又曰:"人不服石,庶事不佳;石在身中,万事休泰。唯不可服五石散。"盖以五石散聚其所恶,激而用之,其发暴故也。[2]

《隋书·经籍志》载录的"五石散"解散方也有二十种之多,足见人们对其实际药理所含的认识。《南史》载嗣伯治疗因"服五石散十许剂",反而加重病情"更患冷"的房伯玉:

> 至十一月,冰雪大盛,令二人夹捉伯玉,解衣坐石,取冷水从头浇之,尽二十斛。伯玉口噤气绝,家人啼哭请止。嗣伯遣人执杖防阁,敢有谏者挝之。又尽水百斛,伯玉始能动,而

---

[1] (唐)孙思邈:《千金翼方校释》,李景荣等校释,人民卫生出版社1998年版,第344页。
[2] (宋)沈括原著:《梦溪笔谈全译》,胡道静、金良年、胡小静译注,贵州人民出版社1998年版,第587页。

见背上彭彭有气。俄而起坐,曰:"不可忍,乞冷饮。"嗣伯以水与之,一饮一升,病都差。自尔恒发热,冬月犹单裈衫,体更肥壮。[1]

虽然被称为"五石更生散、五石护命散",实际上,五石散服用后要在饮食温度、饮食用量、运动规模等方面达到很严格的控制,且稍有不慎,后期养护与药性护理要求相枰,非但不能从药理上更生、护命,还会造成身体伤残,长期大量服用,对人的身体并不见得有好处。余嘉锡《寒食散考》认为:"以为其杀人之烈,较鸦片尤为过之",[2]"自魏正始至唐天宝,五百年间,死者数十百万"。[3]对于追慕服散风尚所具有的这种风险,魏晋时期的人们并不是不知道。制图"名公"裴秀因"服寒食散,当饮热酒而饮冷酒,泰始七年薨,时年四十八"。[4]皇甫谧"初服寒食散,而性与之忤,每委顿不伦,尝悲恚,叩刃欲自杀,叔母谏之而止"。又自称服散后处于"违错节度,辛苦荼毒"的状态:"隆冬裸袒食冰,当暑烦闷,加以咳逆,或若温虐,或类伤寒,浮气流肿,四肢酸重。于今困劣,救命呼嗌,父兄见出,妻息长诀。"[5]东晋哀帝司马丕"断谷,饵长生药,服食过多,遂中毒,不识万机",不但没有长寿,甚至于 25 岁寿终。[6]"世之服寒食散,疽背呕

---

[1] (唐)李延寿:《南史》,中华书局 1975 年版,第 839 页。
[2] 余嘉锡:《余嘉锡文史论集》,岳麓书社 1997 年版,第 166 页。
[3] 余嘉锡:《余嘉锡文史论集》,岳麓书社 1997 年版,第 171 页。
[4] (唐)房玄龄等:《晋书》卷三十五,中华书局 1974 年版,第 1040 页。
[5] (唐)房玄龄等:《晋书》卷五十一,中华书局 1974 年版,第 1415 页。
[6] (唐)房玄龄等:《晋书》卷八,中华书局 1974 年版,第 208~209 页。

血者相踵也。"〔1〕苏轼的说法一点也没有夸大。

然而，服药的风尚并未因此而有所减弱。甚至在北朝也颇为盛行，史载拓跋珪"服寒食散，自太医令阴羌死后，药数动发，至此逾甚"，〔2〕拓跋嗣"素服寒食散，频年动发，不堪万机"，于泰常七年"诏皇太子临朝听政"。〔3〕拓跋珪、拓跋嗣算得上北魏前期开拓的明君，尚且如此，其在民间盛行也就不足为怪了。《太平广记》引《启颜录》：

> 后魏孝文帝时，诸王及贵臣多服石药，皆称石发。乃有热者，非富贵者，亦云服石发热，时人多嫌其诈作富贵体。有一人，于市门前卧，宛转称热，因众人竞看。同伴怪之，报曰："我石发。"同伴人曰："君何时服石？今得石发。"曰："我昨在市得米。米中有石，食之乃今发。"众人大笑。自后少有人称患石发者。〔4〕

由此可见，时人服用五石散不仅仅是基于生理的需求和审美的需要，还可借服食来标明自己属于某一阶层，与其说是为了求得服食后的飘飘欲仙的感觉，其实更是一种政治需求。魏晋对五石散风尚的追慕一直都是围着何晏所言及的"治病"与"非唯治病"两种"神效"展开的。其实，从"治病""神效"的角度言，服金石以求长生，秦始皇、汉武帝以后，人

---

〔1〕（宋）苏轼：《东坡志林》卷五，王松龄点校，中华书局1981年版，第108页。
〔2〕（北齐）魏收：《魏书》卷二，中华书局1974年版，第44页。
〔3〕（北齐）魏收：《魏书》卷三，中华书局1974年版，第63页。
〔4〕（宋）李昉等：《太平广记》（五·卷二四七），中华书局1961年版，第1912页。标点为笔者所加。

们并不见得就完全相信其为真。相反，人们很容易认识到服用后的药理反应，并不见得能形成长期服用的风尚。而"非唯治病"方面，却因为被赋予了特殊的意义，成了名士追慕服药风尚的深层原因。

"非唯治病"，实际上是将服散作为表达态度的特殊方式，尤其是服散以后的行散活动，成了个体向外界传递信息的重要部分。《世说新语》载：

> 谢景重女适王孝伯儿，二门公甚相爱美。谢为太傅长史，被弹；王即取作长史，带晋陵郡。太傅已构嫌孝伯，不欲使其得谢，还取作咨议。外示縈维，而实以乖间之。及孝伯败后，太傅绕东府城行散，僚属悉在南门要望候拜。时谓谢曰："王宁异谋，云是卿为其计。"谢曾无惧色，敛笏对曰："乐彦辅有言：'岂以五男易一女？'"太傅善其对，因举酒劝之曰："故自佳！故自佳！"[1]

这则记载本意在叙谢重的绝妙对辞，但司马道子专门选王恭陷入兵败困境的时期，声势浩大地绕着东府城行散，"僚属悉在南门，要望候拜"，然后选择在这样的氛围下质问谢重有关他与王恭的往事，行散、声势与质问三压并下，形成了巨大的绝倒式威慑。很明显，行散已经不是单纯的个体活动，而是渗入并彰显了权力与政治地位的差异。从这个意义上来看，服散已经不是一种纯粹的个体爱好，而是加入了各种复杂而有深意的社会行为与个体表达。另有王忱服散也能说明：

---

[1]《世说新语·言语》第100则。

第一章　服药风尚与内心规约

桓南郡被召作太子洗马，船泊荻渚。王大服散后已小醉，往看桓。桓为设酒，不能冷饮，频语左右："令温酒来!"桓乃流涕呜咽，王便欲去。桓以手巾掩泪，因谓王曰："犯我家讳，何预卿事?"王叹曰："灵宝故自达!"[1]

王忱后自我感觉极好，于是借行散的时机顺道看望桓玄，为了肯定而确切地表达自己确实已经服药了，颇具炫耀意味地频频对人叮嘱自己只能喝温酒，结果连时人言谈间最应注意的避讳都忘记了。服散为人们表达实际看法与真实态度提供屏障，也为人们处理复杂人际关系创造了机会。

王孝伯在京行散，至其弟王睹户前，问："古诗中何句为最?"睹思未答。孝伯咏"'所遇无故物，焉得不速老?'此句为佳"。[2]

王恭始与王建武甚有情，后遇袁悦之间，遂至疑隙。然每至兴会，故有相思时。恭尝行散至京口射堂，于时清露晨流，新桐初引，恭目之曰："王大故自濯濯。"[3]

服散后有意或无意的行为，都暗示着服药本身已经不单单是求得体力转强或者容貌上面白如玉，服药被赋予了特殊的社会行为的意义，俨然成为魏晋名士表达个体的一个重要途径。正是基于对服药的这种认识，对于魏晋名士而言，整个服散并行散的过程，都是一种精神寄托。

服用五石散有助于名士在保存生命的同时坚持原则与底

---

[1]《世说新语·任诞》第 50 则。
[2]《世说新语·文学》第 101 则。
[3]《世说新语·赏誉》第 153 则。

线,行散也能为名士提供无路可走时探求"生"路的可能:

> 初桓南郡、扬广共说殷荆州,宜夺殷觊南蛮以自树。觊亦即晓其旨,尝因行散,率尔去下舍,便不复还,内外无预知者。意色萧然,远同斗生之无愠。时论以此多之。[1]

殷觊为殷仲堪从兄,二人在对待朝廷事务方面态度不同,殷仲堪响应王恭,与桓玄也有结盟,但殷觊一直都不认为殷仲堪的这种做法是明智之举。时殷仲堪督荆、益、宁三州军事,为振威将军、荆州刺史,殷觊任南蛮校尉。殷仲堪依桓玄所劝,联络郗恢、江绩、殷觊等人,拟响应王恭同伐王国宝。殷觊以"夫人臣之义,慎保所守。朝廷是非,宰辅之务,岂藩屏之所图也"为由,坚持"宜所不豫",甚至以"吾进不敢同,退不敢异"相要挟;郗恢、江绩也不同意举兵。于是殷仲堪便以人代江绩南郡相之职。由此,殷觊知殷仲堪夺"南蛮以自树"志在必行,于是便借行散的机会离职而去,不再回来任职。殷觊没有与任何人讨论此计划,也没有任何怨言。其实,殷觊的离职,既是为了保全自己的生命,也是为了保持家族的声誉。殷觊与殷仲堪除了对为"臣"的意见不同,并不见得就有太多间隙:一方面,殷觊对殷仲堪举兵事劝谏再三,"辞甚切至",行散离职后被殷仲堪发现,依然坚持以"我病不过身死,但汝病在灭门,幸熟为虑,勿以我为念也"告诫,且以"忧"卒;[2]另一方面,劝殷仲堪对殷觊下手的

---

[1]《世说新语·德行》第41则。
[2](唐)房玄龄等:《晋书》卷八十三,中华书局1974年版,第2178~2179页。

不止桓玄一人，殷仲堪始终都不采取行动，孜敬甚至因此"拔刃而起，欲自出取之"，[1]殷仲堪又苦苦劝诫制止。足见殷顗乘行散离职而走，显然经过个人长期考量与策划才决定，确实是"即晓其旨"，自认为是可以保全自己生命又可以避免家族内部祸起萧墙的最好做法。借名士最为常见的行散为机会，殷顗完成了甚至比显耀身份更为重要的两全其美的策划，表达了自己对"臣"之"义"的坚持，保全了自己的性命与家族声誉，也保全了从弟殷仲堪。服药与行散成了化危为安的最佳方法，也成了在两难中坚持自己所持理想的方式。

殷顗以行散为由弃官让职，贺循则以行散为由拒官不任。《晋书·贺循传》载：

> 及陈敏之乱，诈称诏书，以（贺）循为丹阳内史。循辞以脚疾，手不制笔，又服寒食散，露发袒身，示不可用，敏竟不敢逼。[2]

陈敏之乱，欲拉拢江东贵族，诈作诏书任江东贵族为将军、郡守等各种职务，江东贵族大多虽然受而与愿有违，但又因畏惧压力不得不接受，此种形势下，贺循借助行散而"示不可用"的方式便尤能体现出内心选择。与殷顗一样，贺循坚持了自己内心的底线与原则，又以一种近于轻松而普遍的存在方式，保全了生命。

魏晋之际的名士服药，与汉代以及东晋以后着重药理作用、追求长生之法与仙风道骨的理想并不完全相同。从葛洪

---

[1]（唐）房玄龄等：《晋书》卷八十四，中华书局1974年版，第2202页。
[2]（唐）房玄龄等：《晋书》卷六十八，中华书局1974年版，第1825页。

《抱朴子·内篇》所载可见，五石散在东晋以后成了重要的仙丹妙药，与"玄风独振"的社会时尚相和，成了人们探求永生的重要方式之一。魏晋以后，有关五石散的诗文，也多与永生相关联，如谢朓的《和纪参军服散得益诗》、王筠的《以服散鎗赠殷钧别诗》等。延及唐代，由君王服药的情况便可见出求"生"目的："统计唐代服丹药者六君，穆、敬昏愚，其被惑固无足怪，太、宪、武、宣皆英主，何为甘以身殉之？实由贪生之心太甚，而转以速其死耳。"[1]保全生命与求得长生，目的都是不死。由《抱朴子》所载"仙药"，便能看出当时的方士"长生"之药，不止一种。倘若只为延年益寿，魏晋名士没有必要集中服用某一种或几种药物。魏晋名士所选择的重点，其实不在求得永生，也不在药理本身的作用，而是对现存生命继续的渴望与求真的精神理想。在追求长生以外，还加入了社会地位、精神价值、个体追求等方面的因素，成了一种特殊的社会风尚。

第二节　何晏之浮华

服药风尚的肇始"祖师"何晏的身份很特殊。《世说新语》记载了他早慧之事：

何晏七岁，明惠若神，魏武奇爱之。以晏在宫内，欲以为子。晏乃画地令方，自处其中。人问其故，答曰："何氏之庐

---

[1]（清）赵翼：《廿二史劄记校证》，王树民校证，中华书局1984年版，第399页。

也。"魏武知之,即谴还。[1]

　　一个孩子有这样的举动,并不见得是他刻意要向别人展示自己的特立独行,而是在外界强大的变化中感受到了无助与不安,渴望能保护自己,保持最起码的独立。究其实,这已经不是早慧,而是一种不愿意接受自己成为他者的本能反应。他的这个"庐"终究还是被打破了。孩童用自己的想象方式画地为"庐",人们会理解并予以同情,但倘若一个有了一定生存能力的成年人,再画地为"庐",便未免显得幼稚。何晏未能实现独有"何氏之庐"的精神理想,对于他而言,由实际的身份所带来的追求安全与期望独立的心理矛盾一直都困扰着他,他不得不尝试以另外的方式来画"何氏庐",由此产生了一系列奇特而又令人费解的行为。

　　何晏尚主却毫不收敛耽声好色之行,娇冶却不忌讳穿着另类,"服饰拟于太子"外,还喜服妇人之服,模拟妇人之行,"动静粉白不去手,行步顾影"。所有这些,都被何晏故意大肆炫耀,获"性自喜"之讥。这些言语、行为、服饰方面表现出的浮躁与不周,与将一种人们并不觉得特殊的药物作为常服之"神"药,有异曲同工的效果。

　　高调的行事风格、浮华而夸张的性格以外,何晏也有自己人生的苦闷与忧烦。何晏不能选择与曹操的特殊关联,他能选择的是如何在一个不可逆转的情形下尽可能地保全自己,同时,兼顾"我就是我"的独特个性。何晏以几近颓废而潇洒的方式活动,对于他的日常行为与学术论辩,正始以前的名士

---

[1]《世说新语·夙惠》第2则。

颇为不屑,甚至有人称他为"败德之人":

> 何平叔言远而情近,好辩而无诚,所谓利口覆邦国之人也。[1]

傅嘏的这一评价是在与荀粲交谈时所言,足见名士何晏,也将生活的浮华带入了学术。他在言辞论调上有意发聩耳之声,[2]人们并不都认可,甚至有人指出他"志不务学",阐释经典,"华"而"伪":"说老、庄则巧而多华,说易生义则美而多伪;华则道浮,伪则神虚"。[3]这样的评价,又与曹氏宗族对何晏的态度不无关系。

曹丕尤不喜欢何晏的张扬性格与怪异行为,强调他的"假子"身份。《三国志·魏书》本传注引《魏略》称:

> 太祖为司空时,纳晏母并收养晏,其时秦宜禄儿阿苏亦随母在公家,并见宠如公子。苏即朗也。苏性谨慎,而晏无所顾惮,服饰拟于太子,故文帝特憎之,每不呼其姓字,尝谓之为"假子"。[4]

同样存有寄人篱下的忧虑,何晏与秦朗等人的低调谨慎不同,他总想通过乖张的行为证明自己的存在,而且有点固执地坚持这种行为,即便由此得罪已贵的曹丕。何晏得罪曹丕带有

---

[1] 参见《三国志》卷二十一裴松之注引《傅子》。
[2] 《三国志》卷九裴松之注引《魏略》载:"晏尝曰:'唯深也,故能通天下之志,夏侯泰初是也;唯几也,故能成天下之务,司马子元是也;惟神也,不疾而速,不行而至,吾闻其语,未见其人。'盖欲以神况诸己也。"
[3] 参见《三国志》卷二十裴松之注引《辂别传》。
[4] 参见《三国志》卷九裴松之注引《魏略》。

一定的僭越行为，曹丕对何晏虽然不予以正式追究，但进行了精神还击，鄙夷之态尽显。曹丕一见到何晏就强调他是"假子"，并非仅仅表达一下不喜欢的态度，而是一针见血地戳中何晏痛处的最有力的反击方式：穿得再像也未必是真的，表现得再高贵也改变不了非曹氏成员的本质。家族身份问题，可以说是何晏想说又不能直接说出来的隐痛，如果堂堂正正地就是在"何氏庐"内，即便贵族身份日渐衰败没落也无妨，但现在他的身份却是依附于曹氏的何氏，身为"何氏"却无"庐"。"假子"在当时确实可以意指养子，但是一般都不会在当事人面前直接指出。刘备派养子刘封挑战曹军，曹操曾骂："卖履舍儿，长使假子拒汝公乎！待呼我黄须来，令击之。"[1]颇有以"真"收"假"的意味。曹丕作为曹操的"真"子，不称秦朗等人为"假子"，对何晏又特地"不呼其姓字"，谓之为"假子"，针对性显而易见。

至于尚公主，何晏似乎也没有因为这一特殊的关系而被优待多少，相反，他也从来没有"尚主"的样子，甚至将"耽声好色"夸大到人皆尽知。"子"是假的，曹丕与曹睿从来都没有当"真"过，"尚主"的身份是真的，何晏自己似乎也不想当"真"。恰恰在何晏高调出仕、身居要职的时候，他又被妻子以"为恶日甚，将何保身"告回到娘家。[2]这一层特殊关系表现得微妙而又不牢靠。

---

[1]（晋）陈寿：《三国志》卷十九，（晋）裴松之注，陈乃乾校点，中华书局1959年版，第556页。

[2]《三国志》卷九裴注引《魏末传》称："晏妇金乡公主，即晏同母妹。公主贤，谓其母沛王太妃曰：'晏为恶日甚，将何保身？'母笑曰：'汝得无妒晏邪！'"这一段的记载比较混乱，裴松之在后面予以辨析，认为人物关系有误。但是并不妨碍我们对何晏"为恶日甚"的认识。

曹睿对何晏的不认可，由三事便可见出。其一是著名的对"傅粉何郎"面白的试探。不管曹丕认为何晏是"假"子还是"真"子，仅何晏尚公主，就是曹睿的长辈，而曹睿却偏偏要怀疑何晏的"白"是假的，公然试探。这与曹丕认为何晏作为"子"之"假"同出一辙，本就有一定恶讽以表达不信任的意味。其二则是在任职方面，依然不予实职。何晏本传裴松之注引《魏略》称，何晏在曹睿时期，所任实际上"颇为冗官"。《世说新语·言语》刘孝标注引《魏略》又称："尚主，又好色，故黄初时无所任事。"养子兼女婿却落得如此，显然是王室宗族的有意安排。其三，不但不予实职，曹睿甚至还将何晏列入行为浮华一类加以贬抑："南阳何晏、邓飏、李胜，沛国丁谧，东平毕轨咸有声名，进趣于时，明帝以其浮华，皆抑黜之。"对"有声名"的人，"黜"以"浮华"，[1]当然也包括服药、"耽声好色"与一系列其他怪异行为。

何晏对功名尚有积极心态。《晋书·礼志》载曹睿时祈祷消灾的风俗："岁旦常设苇茭桃梗，磔鸡于宫及百寺之门，以禳恶气。案汉仪则仲夏设之，有桃印，无磔鸡。及魏明帝大修禳礼，故何晏禳祭议鸡特牲供禳衅之事。磔鸡宜起于魏，桃印本汉制，所以辅卯金，又宜魏所除也。"[2]禳是祈祷消除灾殃、去邪除恶的一种祭祀方式，曹睿"大修禳礼"，何晏积极响应，"议据鸡牲供禳衅之事"，形成了与汉代不同的禳仪。显然，尽管何晏有积极的态度甚至行动，但他求得功名的可能性依然微乎其微。

---

[1]（晋）陈寿：《三国志》卷九，（晋）裴松之注，陈乃乾校点，中华书局1959年版，第283页。

[2]（唐）房玄龄等：《晋书》卷十九，中华书局1974年版，第600页。

第一章 服药风尚与内心规约

至此，已无需揣度正始以前何晏的另类行为究竟是因为不谨慎而过度张扬，还是为了保持自身的真实态度，他的做法毫无疑问达到了两个目的：一方面让他自己以一种讨人嫌弃的方式成了人们关注的另类人物，另一方面也比秦朗等人更为轻松、放达地获得了安全。这些，成就了何晏成为一个代表浮华却名声远扬的名士。

何晏于正始年间担任尚书，对于其是否称职或有相应的政治才干，各家的说法并不一致。裴松之注引《魏略》称："晏为尚书，主选举，其宿与之有旧者，多被拔擢。"（《三国志》卷九）《曹爽传》裴松之注引《魏略》又言何晏任人不当主要是因为邓飏：

> 初，飏与李胜等为浮华友，及在中书，浮华事发，被斥出，遂不复用。正始初，乃出为颍川太守，转大将军长史，迁侍中尚书。飏为人好货，前在内职，许臧艾授以显官，艾以父妾与飏，故京师为之语曰："以官易妇邓玄茂。"每所荐达，多如此比。故何晏选举不得人，颇由飏之不公忠，遂同其罪，盖由交友非其才。[1]

何晏与邓飏交游密切，同为"台中三狗"，无论责任在何晏本人还是邓飏，从《魏略》作者的视角看，何晏选举不公正是不争的事实。但也有人认为何晏在任尚书时其实是公正客观的。《晋书·傅咸传》载：

---

[1]（晋）陈寿：《三国志》卷九，（晋）裴松之注，陈乃乾校点，中华书局1959年版，第288页。

魏晋名士的风尚与规约

正始中,任何晏以选举,内外之众职各得其才,粲然之美于斯可观。〔1〕

相对于《魏略》从载史的角度所进行的评价,傅咸貌似并不是专门针对何晏进行评论的。然而,此说出自傅咸,则其实际意义是值得进一步探索的。

首先,傅咸是傅玄长子。傅玄尤其看不惯何晏在服饰方面的张扬,强调这是其亡家的主要原因。《晋书·五行志》载:

尚书何晏好服妇人之服,傅玄曰:"此服妖也。夫衣裳之制,所以定上下殊内外也。《大雅》云:'玄衮赤舄,钩膺镂锡。'歌其文也。《小雅》云:'有严有翼,共武之服。'咏其武也。若内外不殊,王制失叙,服妖既作,身随之亡。末嬉冠男子之冠,桀亡天下;何晏服妇人之服,亦亡其家。其咎均也。"〔2〕

此事正始年间人皆共知,严宪欲嫁女为傅玄继室,家族内外的人都感到"忧惧",认为傅玄过于耿直,"玄与何晏、邓扬不穆,晏等每欲害之",必然会有祸患,犹如"排山压卵""以汤沃雪"。只有严宪认为何晏才是会必然招致祸患、不会长久的人,力排众议。〔3〕杜宪女杜鞾后来与傅玄前妻所留子傅咸关系处得非常融洽和睦,甚至还带傅咸去见严宪。严宪对傅咸给予了很高评价,傅咸对继母也甚为敬重:"出为冀州刺史,继母杜氏不肯随咸之官,自表解职。"〔4〕如此,则傅咸对

---

〔1〕(唐)房玄龄等:《晋书》卷四十七,中华书局1974年版,第1328页。
〔2〕(唐)房玄龄等:《晋书》卷二十七,中华书局1974年版,第823页。
〔3〕(唐)房玄龄等:《晋书》卷九十六,中华书局1974年版,第2509页。
〔4〕(唐)房玄龄等:《晋书》卷四十七,中华书局1974年版,第1323页。

第一章　服药风尚与内心规约

何晏的看法当与傅玄、严宪等相同，而傅咸上书中，论及何晏，同傅玄与严宪所持看法却迥异。

其次，傅咸此疏上于晋惠帝司马衷，时朝中"诏群僚举郡县之职以补内官"，傅咸认为内外之官应该相同对待，不应以出外任作为补内官的条件，专门举何晏任职时的选举策略，以作为内外之职都能处理得当的个案。目的不在谈论何晏所举的人可否真正能胜任，也不是讨论何晏本人是否具有德行，而是选举的程序和方法不限制内外之"法"值得肯定。这种方法本身从客观上就能使"内外之众职各得其才"，故而是得当之举。由此也可以看出何晏其实并不是单凭借着特殊的身份与浮华的行为以获得关注，还是具有一定的政治才干与政治眼光的。

再看评价何晏时的关注视角，傅玄、严宪关注的核心问题是个人道德与礼制，傅咸则更关注任职举措的实际行动，进一步反映出何晏是一个有一定才能与积极态度的浮华名士。史载何晏、邓飏、丁谧为"三狗"而为曹爽谋，其实何晏与丁谧交游并不多，二人甚至还有争衡不和的现象，何晏对邓飏也颇为不齿。虽然与曹氏的关系极为特殊，何晏评价司马师"惟几也，故能成天下之务，司马子元是也"，也能从客观公正的角度去评价。这些都说明，即便正始任职后，何晏名士身份尚存，浮华依旧，但何晏确实不是一个没有任何眼界与能力的纯粹的虚浮名士。只是他的内心，一直都有一个未被正名的"何氏庐"。

何晏作有《言志诗》，最能说明：

鸿鹄比翼游，群飞戏太清。常恐天网罗，忧祸一旦并。

岂若集五湖，顺流唼浮萍。逍遥放志意，何为怵惕惊。
转蓬去其根，流飘从风移。芒芒四海涂，悠悠焉可弥。
愿为浮萍草，托身寄清池。且以乐今日，其后非所知。
浮云翳白日，微风轻尘起。[1]

行为浮华求异其实无法掩饰何晏内心的不安与孤独，"常恐夭网罗，忧祸一旦并"，在"怵惕惊"与"转蓬去其根，流飘从风移"的境遇下，他想过"托身寄清池"，但除了用"逍遥放志意"，何晏似乎又不知道还能采取怎样的方式。那些率先服药的特异思想与行为都是他"逍遥放志意"人生态度的具体方式。何晏所追求的，可能只是安全的环境与有用而仕的理想而已。

每个人的内心都有一道"庐"，但每个人都会面临精心呵护的"庐"被强行破坏的境遇。对于何晏而言，服药与其他怪诞的行为之间并无差异，以浮华的行为去保护这个"庐"，求得生存与理想的生活方式，与秦朗的谨慎守矩、阮籍的任诞不羁殊途同归。《晋书·裴頠传》将何晏与阮籍相类，称"何晏、阮籍素有高名于世，口谈浮虚，不遵礼法，尸禄耽宠，仕不事事"，[2]"仕不事事"不尽一致，但在"不遵礼法"方面，确实高度一致。何晏用服药的方式捍卫内心所存之志气，与阮籍等人胸有垒块而任诞，其实内核相通，是名士们在面临选择时，借以透视内心的一道底线与规则。

---

[1]《魏诗》卷八，见逯钦立辑校：《先秦汉魏晋南北朝诗》，中华书局1983年版，第468页。

[2]（唐）房玄龄等：《晋书》卷三十五，中华书局1974年版，第1044页。

第二章 妆容风尚与峻直人格

第一节 "龙章凤姿照鱼鸟"

与其说魏晋时代是一个"美的时代",不如说这是一个"审美的时代"。"不知子都之姣者,无目者也。"[1]"姣"人自古有之,且每一个时代,可能所占比例并无大的区别,而关键在于人们是否以"有目者"的审美态度去接受。倘若仪容之美是人们关注并探究的焦点,"有目者"自然就会较多。因时代差异,也会形成不同风格的"姣"。魏晋是一个充斥着"有目者"的时代,仪容之美是时人品评的重要内容。

苏轼《张安道乐全堂》称"我公天与英雄表,龙章凤姿照鱼鸟",其中,"龙章凤姿"便是借用了魏晋人赞誉嵇康之言,[2]强调的正是质朴而自然、不加修饰的天成美姿。其实,在这种有关容貌的评价中,不但暗含了评价者的审美倾向,还兼含有评价时的种种接受心理与经验。

首先,是体格审美与生的理想相关。

---

[1] (清)焦循:《孟子正义》,沈文倬点校,中华书局1987年版,第764页。
[2] 《世说新语·容止》第5则刘孝标注引《嵇康别传》言嵇康"龙章凤姿,天质自然"。

身高体型一直是传统审美的一个主要方面。《诗经》中的"伯兮朅兮,邦之桀兮"(《卫风·伯兮》)、"硕人其颀"(《卫风·硕人》)等,都不同程度地强调了体格伟岸所带来的视觉审美。《卫风·伯兮》中男子身形的伟岸、手执兵器的神勇、对国家之重要交相呼应,共同营造了值得"首如飞蓬"的深切眷恋与常相思念的背景;《卫风·硕人》中主人公及其随从形成的整体效果,与人物局部的细节美相呼应,有形成描绘人物审美的滥觞。相反,如曹操"姿貌短小"或刘伶仅有"六尺"之躯,不威之感便扑面而来,刘伶"丑悴",曹操自己都认为不足以"雄远国"。[1]

周伯仁道桓茂伦"嵚崎历落,可笑人"。或云谢幼舆言。[2]

周侯说王长史父:"形貌既伟,雅怀有概,保而用之,可作诸许物也"。[3]

"嵚"意指山高而陡,而"崎"有山高低不平意,"嵚崎"二字合用,高峻而有层次的感觉已溢然而出,"形貌既伟"也是从身高与身形健硕的角度出发。仅仅从身体的高度与健硕程度看,有这几个词已足以充分表达。然而,又不止于此。"历落"意指错落有致,已超出了强调身高,与性格棱角、人格

---

[1]《太平御览》卷三七八引《魏氏春秋》:"魏武王姿貌短小,神明英彻。"《世说新语·容止》第1则:"魏武将见匈奴使,自以形陋,不足雄远国,使崔季珪代,帝自捉刀立床头。"又第13则:"刘伶身长六尺,貌甚丑悴,而悠悠忽忽,土木形骸。"

[2]《世说新语·容止》第20则。

[3]《世说新语·容止》第21则。

第二章 妆容风尚与峻直人格

峻直又有关联。而"雅怀有概"也是对"形貌既伟"的外在特征恰到好处的补充。由此二则,不难见出《容止》篇强调的是身体容貌的自然天成与人格精神的俊逸伟岸彼此相融,不可分割。

有关体貌,往往有以为魏晋人以面白体弱为美,其实就时人的审美言,未必如此。刘表见王粲,"以粲貌寝而体弱通悦,不甚重也",〔1〕甚至打消"欲以女妻粲"〔2〕的计划,今人的观点可能更多地受到时人对卫玠形貌评价的影响:

王丞相见卫洗马,曰:"居然有羸形,虽复终日调畅,若不堪罗绮。"〔3〕

卫玠之逝,纵有"看杀""谈杀""病杀"之见,但其身体之虚弱不强壮甚至有些虚弱却有目共睹:

卫玠从豫章至下都,人久闻其名,观者如堵墙。玠先有羸疾,体不堪劳,遂成病而死。时人谓"看杀卫玠"。〔4〕

卫玠始渡江,见王大将军。因夜坐,大将军命谢幼舆。玠见谢,甚悦之,都不复顾王,遂达旦微言。王永夕不得豫。玠体素羸,恒为母所禁,尔夕忽极,于此病笃,遂不起。〔5〕

卫玠的美,与其说是"客观存在"之美,不如说是时人

---

〔1〕(晋)陈寿:《三国志》卷二十一,(晋)裴松之注,陈乃乾校点,中华书局1959年版,第598页。
〔2〕参见《三国志》卷二十八裴松之注引《博物记》。
〔3〕《世说新语·容止》第16则。
〔4〕《世说新语·容止》第19则。
〔5〕《世说新语·文学》第20则。

在人物评品与审美中不断挖掘发现的结果。

卫玠有两位作为当时清谈名家的舅舅，王济与王澄。正是从这个两个舅舅的品评开始，卫玠的魅力被人们不断发现。"风姿英爽，气盖一时"的王济，每见卫玠便不由自主地感慨"珠玉在前，觉我形秽"，又"尝语人曰：'与玠同游，冏若明珠之在侧，朗然照人'"，通过贬损自己的方式抬高卫玠的地位。[1]珠玉是当时普遍使用的一个比喻，其含义主要包含有两个方面：一方面，意指人的外貌特征，肤色白皙若珠玉之状；另一方面，意指人的品格精神的特质，行如淳玉而少瑕疵。

史载王济本人"俊爽有风姿"，"俊爽"者，除有意指外貌俊美外，还有性格峻爽的含义，司马炎曾想"骂济而后官之"，王济的姐夫和峤就称"济俊爽，恐不可屈"，其后果然如和峤所言，"不可屈"正是王济"俊爽"的主要原因。就连父亲王浑都认为"生儿如此，足慰人意"（《世说新语·排调》）。正因如此，王济有些将任何人都不放在眼里：他觉得自己的父亲受到了不公待遇，便对主事者"明法绳之"；被出为河南尹，"未拜"，却敢"鞭王官吏"以致"免官"；免官后又移第北芒山下，高调地编钱竞埒。他善清谈，能力与技巧也极高，"善于清言，修饰辞令，讽议将顺，朝臣莫能尚焉"，尤其"好以言伤物"，但对外甥卫玠，却不但不伤，而且宁自损以增其辉，以"甘拜下风"式的肯定，对卫玠形体容貌进行赞许，对其清朗品格与学识表达了欣赏与企羡之情。[2]这样一位威重而才高的长辈如此赞誉，自然会促成卫玠社会名气

---

[1] （唐）房玄龄等：《晋书》卷三十六，中华书局1974年版，第1067页。
[2] （唐）房玄龄等：《晋书》卷四十二，中华书局1974年版，第1205页。

第二章　妆容风尚与峻直人格

的迅速飙升。

"卫玠谈道，平子绝倒"，另一位舅舅王澄也用实际行动表达了对这位了不起的外甥的关注与倾心。卫玠的学术魅力也由王澄之"绝倒"而愈加受到时人重视。

暂且不论王济、王澄对卫玠的美誉是否出于提升家族地位的目的，魏晋名士借美誉族人、姻亲提升自己家族地位的做法并不少见，王济与王澄就曾彼此褒美，但卫玠作为后学之人，人称"王家三子，不如卫家一儿"，[1]其微言的实力也不容小觑。

由此，卫玠成了众名士心目中的完美之人，外在的仪表修饰与穿着气质固然重要，会对时人有一种天然的吸引："总角乘羊车入市，见者皆以为玉人，观之者倾都。"但他其实并不是仅仅靠病恹恹的体质或修长的身材进入时人审美视野的，他身上还有玄理与逻辑的魅力，此魅力甚至胜于形貌的吸引力。具有非凡能力的两位舅舅恰恰又给了这个外甥强劲的推力，让他独特的学术魅力与人格精神得以最大限度地彰显。

卫玠的魅力也得益于自己的两位岳父的器重。他先后有两位夫人，相应，两位岳父不但自身颇具威望，且对女婿卫玠的评价也极高。第一位岳父乐广以微言析理出名，卫玠的祖父卫瓘对乐广极其赞赏，曰："自昔诸贤既没，常恐微言将绝，而今乃复闻斯言于君矣。"故而"命诸子造焉"。[2]《世说新语》载卫玠总角时向乐广请教梦一事，乐广对梦的解释："是想。"结果"卫思因经日不得，遂成病"，致使乐广不得不"命驾为剖析之"，才使卫玠的病好一些。乐广感叹："此儿胸中当必无

---

〔1〕（唐）房玄龄等：《晋书》卷三十六，中华书局1974年版，第1067页。
〔2〕（唐）房玄龄等：《晋书》卷四十三，中华书局1974年版，第1243页。

膏肓之疾!"对卫玠这种对知识追求的执着精神很是赏识。后乐广嫁女于卫玠,时论不以夫妻相配论这段婚姻,而是以岳父与女婿彼此的合适程度相论:"议者以为'妇公冰清,女婿玉润'。"[1]乐广女亡后卫玠南下,"征南将军山简见之,甚相钦重"。其认为:"'昔戴叔鸾嫁女,唯贤是与,不问贵贱,况卫氏权贵门户令望之人乎!'于是以女妻焉。"[2]山简为山涛子,温润典雅,颇有盛名,他对卫玠其实给予了双重肯定:一方面是出于名望家族,具备成为名士的先天条件;另一方面是本人之贤,具备成为名士的个人条件。魏晋时期的联姻往往与家族的背景、交游、互荣等彼此交错结合,乐广与山简对卫玠的评价,难免有从卫氏子弟、王氏之甥的背景出发的考虑,但二人皆为社会中享有极高清誉之人,他们又更进一步让卫玠获得了行动上的直接认同。他们的言语肯定与直接嫁女的行动验证,无疑又为卫玠之美增添了理想色彩。

南下之后不久,卫玠终究因"羸形"亡。《世说新语》载,闻得他的死讯,在豫章曾与他"达旦微言"的谢鲲极为哀痛,"哭之恸""感动路人"。一般来说,谈得再投机,也仅仅一面之交,不一定要如此哀伤。谢鲲却坚持认为:"栋梁折矣,不觉哀耳!"[3]卫玠确实曾任过太子洗马一职,单从仕途职位上看,这个职位其实不见得就是个重要的职务,也谈不上对国家建设的栋梁作用,但名士谢鲲却认定卫玠就是当之无愧的国家栋梁。推敲其原因,不外乎如下:第一,谢鲲需借这样一种夸张的说法,进一步抬高自己,卫玠以清谈玄理闻名,且

---

[1]《世说新语·文学》第14则。
[2](唐)房玄龄等:《晋书》卷三十六,中华书局1974年版,第1067页。
[3]《世说新语·伤逝》第6则。

第二章　妆容风尚与峻直人格

与自己曾彻夜论道，连王敦都不能插话参与，如此超出常态地夸卫玠，更能显示出自己在清谈方面的地位，也能更凸显自己作为谈玄名家品评人物的侧重点。第二，谢鲲心存惋惜与些许自责。卫玠下豫章时正值王敦镇豫章，令谢鲲与卫玠谈，"言论弥日"，因为彼此谈得畅快，不知不觉"尔夕忽极"，"体素羸"的卫玠透支了自己的身体。第三，也是最为重要的，谢鲲视卫玠为栋梁，基于以前的接受，人们会迅速传播这一定位，从而形成一个结合了当时家族的背景与卫玠在当时清谈界的地位的盖棺定论的评价。

舅舅的盛赞、岳父的器重、同行友人的盖棺定论，足以让卫玠为众人企羡，也足以说明卫玠之所以被"看杀"，不仅仅是因为形貌符合时人的审美标准。容貌与声誉之外，另有一个因素也极为重要。

卫玠祖父卫瓘与司马衷的皇后贾南风之间，恩怨颇深。《晋书》载："初，武帝欲为太子取卫瓘女，元后纳贾郭亲党之说，欲婚贾氏。帝曰：'卫公女有五可，贾公女有五不可。卫家种贤而多子，美而长白；贾家种妒而少子，丑而短黑。'元后固请，荀𫖮、荀勖并称充女之贤，乃定婚。"[1]对于心胸并不宽广的贾氏家族成员（尤其是贾南风）而言，虽然后来在遴选太子妃的过程中经过一番周折胜出，但此事已足以让她对卫氏成员心怀忌恨。况且，司马炎进行相互比较时的言论，褒贬如此明显，更容易造成两家族不睦，即便载记者可能有所修饰，但也不见得就是捕风捉影之辞。不仅如此，在立太子一事上，卫瓘又是坚定地支持司马攸，反对立司马衷。《晋书》载：

---

〔1〕（唐）房玄龄等：《晋书》卷三十一，中华书局1974年版，第963页。

魏晋名士的风尚与规约

惠帝之为太子也,朝臣咸谓纯质,不能亲政事。瓘每欲陈启废之,而未敢发。后会宴陵云台,瓘托醉,因跪帝床前曰:"臣欲有所启。"帝曰:"公所言何邪?"瓘欲言而止者三,因以手抚床曰:"此座可惜!"帝意乃悟,因谬曰:"公真大醉耶?"瓘于此不复有言。贾后由是怨瓘。[1]

此仇加彼恨,累计弥盛,终于在贾后当政后井喷而出。贾南风利用司马玮与卫瓘间的积怨,收卫瓘。卫瓘"与子恒、岳、裔及孙等九人同被害",整个家族唯有卫玠与兄卫璪"时在医家得免"。[2]此事不久又在卫瓘女儿与一些朝臣的努力下平息,侥幸存身的卫玠才得以游走如初。

从外形看,"羸形"确实不是具有强大生命力的表征,但对卫玠的遭遇来说却迥异,恰恰是看起来柔弱而病羸,让他在家族劫难中侥幸获生,让看起来基本上没有可能的"生"成为可能。假若卫玠没有病羸的身体,在对卫瓘怀有恨意的荣晦对卫家的人——清点的状态下,当然免不了身死。恰恰身体弱到"若不堪罗绮",于是不得不久求医,恰恰在长时间求医的过程中,又侥幸地保身。在经历贾后执政的近十年、八王之乱已经帷幕全开的时期,名士的生命随时都会有陨落的危机,人们对保身立命已经有了与汉代以来的传统完全不一样的认识。这件事必定会成为一个象征生命奇迹般存在的个案被广为谈说,仔细品味。在病恹恹的身体与生命的消亡之间,毋庸置疑,人们会更关注生的问题。不置可否,身体羸弱之外,卫玠也确实有神采奕奕、精神焕发的一面,"卫虎奕奕神令"所言

---

[1](唐)房玄龄等:《晋书》卷三十六,中华书局1974年版,第1058页。
[2](唐)房玄龄等:《晋书》卷三十六,中华书局1974年版,第1059页。

第二章 妆容风尚与峻直人格

正是他的这一面。[1]但时人更关注的,依然是让卫玠侥幸存身的那一面。这虽然是一段似乎与审美无关的家族变故,但其在对卫玠的审美以及在魏晋士人对生命价值的考虑中,无疑是有意义的,也是值得关注的。

或者,卫玠之美,羸弱、单薄甚至美而长白的家族形貌特征可能都不是核心,他侥幸存身的羸弱与被社会各层名家广泛的盛誉与肯定,才是人们企慕并乐于谈论、向往面睹的根本所在。无独有偶,杜弘治也曾因为身羸而侥幸置身于礼法之外:

> 杜弘治墓崩,哀容不称。庾公顾谓诸客曰:"弘治至羸,不可以致哀。"又曰:"弘治哭不可哀。"[2]

当体貌超出了客观存在而成为审美对象,起到庇护作用,很容易就会成为一种与现实存有一定距离的理想。这一理想通过偶然的个案或寄托于卫玠等人身上,或寄托于曾经有一定代表性的酒礼中,或寄托于让人产生不同体味与感觉的药中,所寄对象不同,所寄托的对生命的态度与生活的理想却有相似性。由此,美、药、酒,便有了共性。

其次,肤色白皙与人物品格相关。

言及皮肤白皙,最广为人知的便是"傅粉何郎"。何晏的容貌有很多扑朔迷离的"附属品",曹丕愤然称为"假子",曹睿疑其面"假白",一强调身份一强调面容,一愤于言表一匿于调侃之行,父子二人作为帝王心理的共性依稀可见。对何

---

[1] 《世说新语·品藻》第42则:"刘丹阳、王长史在瓦官寺集,桓护军亦在坐,共商略西朝及江左人物。或问:'杜弘治何如卫虎?'桓答曰:'弘治肤清,卫虎奕奕神令。'王、刘善其言。"

[2] 《世说新语·赏誉》第68则。

晏乖张而浮夸的行为，都用一个"假"字来阐释，真正指向的其实是何晏的人品。家族身份与面容特征，本就是早期何晏身上最为人们注意的两个方面，却都是假的，那么何晏身上还有什么是真的？何晏人品的瑕疵有目共睹，苏轼认为"彼其所为，足以杀身灭族者日相继也，得死于寒食散，岂不幸哉"。[1]何晏面白，不仅仅没讨得时人的好，后人的好也没讨到。试再补《世说新语》中几例"面白"之人：

> 王夷甫容貌整丽，妙于谈玄，恒捉白玉柄麈尾，与手都无分别。
> 潘安仁、夏侯湛并有美容，喜同行，时人谓之"连璧"。
> 裴令公有俊容仪，脱冠冕，粗服乱头皆好，时人以为"玉人"。见者曰："见裴叔则如玉山上行，光映照人。"[2]

魏晋时期有很多俊美的名士都以白出名，上述几则，言在面容白皙，却意指皮肤白皙之外。白皙或多或少都暗暗投射出另外的因子，尤其是人品、人格方面。王衍手白，有特定背景，是与麈尾的白玉柄相并论而言，是在谈玄之"妙"中表现出来的容貌标识，没有"妙于谈玄"，没有谈玄时言语的洒脱与麈尾的相辅衬托，仅仅是"容貌整丽"，仅仅有白而嫩的肌肤，就会在视觉感官方面有所缺损。潘岳与夏侯湛的共同点，不仅仅是都生得美而白，二人"每行止同舆接茵"，彼此赞誉所作，二人同为太子舍人，二人的性格都锋芒毕露，夏侯

---

[1]（宋）苏轼：《东坡志林》卷五，王松龄点校，中华书局1987年版，第108页。
[2]《世说新语·容止》第8、9、12则。

湛任职"累年不调",[1]潘岳仕途"栖迟十年",[2]而此"连璧",究竟是因为皮肤白皙而引发的赞美,还是对二人张扬言行与结党行为的讽刺,尚值得另行专门探讨。裴楷获"如玉山上行"之评,除了有形体与肤色的因素,更与其脱去官服、以日常随性的形象出现在人们面前时所表现出的俊逸与安然密切相关。

魏晋时期肤色之白与肤质细腻并不是最为重要的审美原则,时人不以肤色健美的黑为美,也不单纯以白美为美,当白与美成为一种人人向往的精神面貌的时候,往往更多地与人物的清爽人格与内在修养彼此关联。

再次,眉目传神与心灵淳至相关。

远见形体,近观局部。《卫风·硕人》所描写的美女,远看"硕"而"颀",近观则"手如柔荑,肤如凝脂,领如蝤蛴,齿如瓠犀;螓首蛾眉。巧笑倩兮,美目盼兮"。局部的精雕细刻最终落于眼睛,既强调了眼在人的面容中的重要,也符合观察人物容貌的一般视角与心理。魏晋士人以眼睛作为人物品鉴的重要内容,关注的焦点问题已经超过了"美目盼兮"的客观绘画。试举两位当时具有传神美目的人:

> 王右军见杜弘治,叹曰:"面如凝脂,眼如点漆,此神仙中人。"时人有称王长史形者,蔡公曰:"恨诸人不见杜弘治耳!"
> 谢公云:"见林公双眼黯黯明黑。"孙兴公"见林公稜稜露其爽"。[3]

---

[1] (唐)房玄龄等:《晋书》卷五十五,中华书局1974年版,第1491页。
[2] (唐)房玄龄等:《晋书》卷五十五,中华书局1974年版,第1502页。
[3] 《世说新语·容止》第26、37则。

杜弘治为杜预之后,身形羸弱,论者往往将之与卫玠相比,谢尚认为他和卫玠比相差很远,桓伊与刘惔认为各有所长。[1]王羲之虽然没有将杜弘治与卫玠相比,但依据面部特征,尤其是眼睛,誉其为"神仙中人",其实已经表达出了绝对倾向。这种宛如神仙的具体感觉,就是《世说新语·赏誉》所写的面部特点:"世目杜弘治标鲜,季野穆少。"此"标鲜",刘孝标认为可能与"清标令上"有关。《赏誉》于此则后又曰有人称杜弘治"标鲜清令",可能二者的意指相近,又对"标鲜清令"进行了一个补充,称"盛德之风,可乐咏也",直接指出虽然是一种形貌特征,但确实与人物品德直接相关。而这样的具有品格蕴意的"标鲜"若与"眼如点漆"相结合,理解起来更容易,就是常给人眼前一亮、年轻有力的美感。形成这种美的关键,依然是"盛德之风"。当时被称为"神仙"的,除了杜弘治,还有性格峻直、身无长物的王恭。[2]

一个人的活力,往往在眼睛上集中体现出来,尤其是瞳孔。孩童的瞳孔黑白分明而发亮,给人以清澈透亮的感觉,透漏出对未知世界积极探索与发现的兴趣。相应,随着年龄渐长,用眼愈多,自然会有损耗,阅历渐增,人所有的天真性情也愈发衰退。故而"人老珠黄",不为人所珍惜。因而,儿童的眼睛也往往被作为未涉人事、心地纯良的比喻。而杜弘治的眼睛一直都保持着儿童般的漆黑透亮,虽然到了一定年龄依然

---

[1]《世说新语·品藻》第42则:"刘丹阳、王长史在瓦官寺集,桓护军亦在坐,共商略西朝及江左人物。或问:'杜弘治何如卫虎?'桓答曰:'弘治肤清,卫虎奕奕神令。'王、刘善其言。"

[2]《晋书》王恭传:"恭性抗直……临刑,犹诵佛经,自理须鬓,神无惧容……家无财帛,唯书籍而已,为识者所伤……恭美姿仪,人多爱悦……尝被鹤氅裘,涉雪而行,孟昶窥见之,叹曰:'此真神仙中人也!'"

如故。本已不是孩童,也已不再天真了,却依然保留着黑白分明的眸子,依然保留着对世界淳朴自然的认知,未被世俗所熏染,自然、率真、坦然,"眼如点漆"凝聚了杜弘治本人行为的目标与思想的品位,故而,使人充满了活力、充满了淳质人格的魅力,让人能感觉到向上的力量,如一股刚劲的清风,故而称其"标鲜"。时至今日,人们依然通过眼睛来暗喻人的品格,如"眼睛里揉不进沙子""明眼人""眼睛很亮""火眼金睛"等,都以眼为切入,实质上已直指人的智慧与品格。

这样,眼睛也可以是与容貌最不正相关的表现神韵之处,一个人可以其貌不扬,但依然不失有一双炯炯有神的眼睛。支道林便是这样的人。谢安与孙绰评价支道林的眼睛,一言"黯黯明黑",一言"棱棱露其爽",其实都是暗喻了人物正直、明辨、爽朗而又不失淳真的品格特征。支道林其人,不但容貌不美,还曾被称为"异人":

王长史尝病,亲疏不通。林公来,守门人遽启之曰:"一异人在门,不敢不启。"王笑曰:"此必林公。"[1]

此条下刘孝标引《语林》:"诸人尝要阮光禄(裕)共诣林公。阮曰:'欲闻其言,恶见其面。'此则林公之形,信当丑异。"(《世说新语·容止》第31则)称"异"的原因在于支道林风神韵致异于常人,貌丑而清谈的艺术性却很高,所以见到人物具体的形貌身形时"恶见其面",但如果只是听其谈玄论道,反倒"欲闻其言"。魏晋人喜追慕名士,被追慕的名士中有如潘岳、卫玠等容貌姿丽者,也有如支道林般貌恶才高

---

[1]《世说新语·容止》第31则。

者，虽然"恶见其面"，但"闻"支道林"言"也常会排队，为了能距离支道林近一点，蔡叔子与谢万甚至有了肢体冲突（《世说新语·雅量》）。

清谈的艺术性高超或许只是支道林为众人追慕的一个方面，他在人格品藻方面也有独特的一面。《世说新语·品藻》载：

> 郗嘉宾问谢太傅曰："林公谈何如嵇公？"谢云："嵇公勤著脚，裁可得去耳。"又问："殷何如支？"谢曰："正尔有超拔，支乃过殷。然亹亹论辩，恐□（殷）欲制支。"[1]

关于此则，余嘉锡不同意，认为庾亮、殷浩都是庸才，根本就不能和嵇康相提并论，"所评专指清谈，非论人品，然安石之去中散远矣"，故而"此比流传之误，理不可信"。谢安的时代，人们看待清谈与出仕等问题，与嵇康的时代已有不同，嵇、阮诸人，"他们的长处，是暴露政治人生的弱点，反对物质文化，追求精神生活的满足。但其短处，则为缺乏进化论的眼光，在理论上只有破坏的精神，没有建设的方法"。[2] 周𫖮答王导："何敢近舍明公，远希嵇、阮！"已经能看出此时更希望构建一种更为现实的秩序的积极心态。最喜"吁谟定命，远猷辰告"的谢安，将嵇康置于支道林之下，自然也有这方面的因素。而殷浩的特点在于雄辩，有时候理屈词穷了可能还会恼怒开骂。他与孙盛的辩论就是如此："孙安国往殷

---

[1]《世说新语·品藻》第 67 则。
[2] 刘大杰：《魏晋思想论》，林东海导读，上海古籍出版社 1998 年版，第 101 页。

中军许共论，往反精苦，客主无间。左右进食，冷而复煖者数四。彼我奋掷麈尾，悉脱落，满餐饭中。宾主遂至莫忘食。殷乃语孙曰：'卿莫作强口马，我当穿卿鼻。'孙曰：'卿不见决牛鼻，人当穿卿颊！'"[1]如此，谢安以为殷浩"超拔"不及支道林，而雄辩论争，又胜于支道林。支道林作为东晋特殊环境下的名士，在品藻方面有所追求，对国家社稷不乏关怀，辨析精微而不张扬，这正是东晋所崇慕的名士风范。支道林注《逍遥游》，也能体现出这一点：

遁尝在白马寺与刘系之等谈《庄子·逍遥篇》，云："各适性以为逍遥。"遁曰："不然。夫桀跖以残害为性，若适性为得者，彼亦逍遥矣。"于是退而注《逍遥篇》。群儒旧学，莫不叹服。[2]

评价支道林眼睛的美，正代表了魏晋时代审美的特点，也即能从周围平常甚至不完美的人与事中发现美。只要有某一方面的超拔的气度与能力，即便其貌不扬，也可以从某一局部特征中发掘出美的地方。杜弘治与支道林，无论从整体的容貌特征方面看是美或丑，人们都关注到了其眼睛所透漏出来的人品风貌。这也是"眼如点漆""黯黯明黑"重点关注所在。

当然，倘若在精神风操方面彼此认同，也能从对方的眼中读出淡定，裴楷和王戎之间的评价就耐人寻味：

裴令公目王安丰"眼烂烂如岩下电"。

---

[1]《世说新语·文学》第31则。
[2]（梁）释慧皎撰：《高僧传》，汤用彤校注，汤一介整理，中华书局1992年版，第160页。

裴令公有俊容姿。一旦有疾至困，惠帝使王夷甫往看，裴方向壁卧，闻王使至，强回视之。王出语人曰："双眸闪闪，若岩下电，精神挺动，体中故小恶。"[1]

裴楷与王戎互相称赞对方，找到的都是与人对视时，眼神给人的细腻而传神的感觉。这种感觉，理解为两个人单纯地互相以眼神来吹捧对方，并不完全准确。时至今日，我们依然认为"眼睛是心灵的窗户"，认同眼睛对人的内心的传递。眼神所代表的，是一个人对世界的认知方式的敏锐度与认知原则，而这种方式，只有在彼此认知方式与敏锐度接近的状态下才有可能达成共通。裴楷与王戎彼此看到的聚焦点若在于眼睛的大小、单眼皮、双眼皮、是否是丹凤眼等物理特征时，也就仅仅是进行一个客观而实在的描述，失掉了品评的神韵。但他们的评价是带有很强烈的主观评价色彩的如"电"，明显侧重阐发个体内在的精神世界。这是一种自内而外的美质，无法模拟。而这种美，换了不同的人，就有可能没"电"可言，或者，此处放"电"，彼处却不能感应"电"。

魏晋有那么多令后代羡慕的美男子，其实并不是因为那是一个比我们所处的时代美存在得更多的时代，而是因为那是一个审美、发现美的时代。人们能从其貌不扬中发现神韵，发现蕴含其中的形貌之美。"水是眼波横，山是眉峰聚"，用特殊的审美眼光去欣赏世界，整个世界都是个体心灵的镜子。

最后，形神兼备与彼此契合相关。

魏晋人对男子形貌发赞，而发赞者往往又是男性。有些行为可能有女性参与，如掷果盈车、步障解围、恐伤盛德等，但

---

[1]《世说新语·容止》第6、10则。

第二章 妆容风尚与峻直人格

终未形成主流。在评价人物的形神特点方面，往往不重视貌的客观形状，而倾向于对人整体形神与神韵的膜拜，如陶侃见庾亮"风姿神貌"，"一见便改观"；司马睿"具威仪"，东吴名士"咸惊惧，乃相率拜于道左"。广为人们熟悉的还是对王羲之的评价：

> 时人目王右军"飘如游云，矫若惊龙"。[1]

曹植《洛神赋》有"翩若惊鸿，婉若游龙"句，以形容女子行走时的轻盈之状，加以当时盛行的女子服饰助力，便呈现出了翩然而至的感觉。此处借以形容王羲之，后又有人用以形容王羲之书法，[2]以强调其人、其墨飘逸而矫健、散淡而凝神的特点。

以此为基础，再看王羲之"坦腹东床"旧事，更有助于理解其"飘"而"矫"：

> 时太尉郗鉴使门生求女婿于导，导令就东厢遍观子弟。门生归，谓鉴曰："王氏诸少并佳，然闻信至，咸自矜持。唯一人在东床坦腹食，独若不闻。"鉴曰："正此佳婿邪！"记之，乃羲之也，遂以女妻之。[3]

郗、王联姻，一方面是求政治上的"互助"，王导与郗鉴，一为丞相掌国政，一为太尉握兵权，王导"寻求支持"，目的在于扭转王敦留下的不利后果，"维持家族势力于不坠"，

---

[1]《世说新语·容止》第30则。
[2]《晋书》卷八十："论者称其笔势，以为飘若浮云，矫若惊龙。"
[3]（唐）房玄龄等：《晋书》卷八十，中华书局1974年版，第2093页。

在朝臣中找到支持以对付庾亮等人,而郗鉴统领的流民部队在东晋政局中极其重要,这在当时,可能是唯一可以与加督江、荆的庾亮兵力相抵的军事力量。相应,郗鉴的军事地位还不足以牢固家族地位,只是属于"名义上虽居朝廷三事之列,但从未入主中枢",他需要借助王氏的名望以获得思想上的认同。[1]另一方面,也是社会思潮影响下的考量与选择。两晋思潮,由孙盛与诸人共论"易象妙于见形"可见。孙盛为孙资玄孙,孙楚之孙,由于家学深受儒学影响,对当时的玄谈颇为不满。当时先是孙盛理胜,则"一坐咸不安孙理,而辞不能屈",只好再请更能论辩的清谈高人刘惔出场,而后孙盛理屈,"一坐同时抃掌而笑,称美良久"。[2]儒学世家面临的状态由此可见。而郗氏的情形与孙氏又颇为相似:郗鉴为郗虑玄孙,郗虑为东汉名儒郑玄弟子,且郗虑之后,家族没落之势明显,郗鉴本人又"以儒雅著名",虽然坐镇京口,政治地位一直不能撼动,但从长远上看,终不见得能持久进入思想主流。有鉴于此,尽快遴选一桩于自己家族地位的提升有利好的佳婿,可谓是最为简单、直接的转化捷径。时人对女婿的期望,不亚于今人。《世说新语》载:"裴散骑娶王太尉女。婚后三日,诸婿大会,当时名士,王、裴子弟悉集。郭子玄在坐,挑与裴谈。子玄才甚丰赡,始数交未快。郭陈张甚盛,裴徐理前语,理致甚微,四坐咨嗟称快。王亦以为奇,谓诸人曰:'君辈勿为尔,将受困寡人女婿!'"[3]一个能为家族带来光环的女婿,对提升家族地位自然不言而喻。

---

[1] 田余庆:《东晋门阀政治》,北京大学出版社2012年版,第58、97页。
[2] 《世说新语·文学》第56则。
[3] 《世说新语·文学》第19则。

第二章 妆容风尚与峻直人格

　　郗鉴向王导提出联姻之事伊始，未拟定选谁，足见大致思路早已谙熟，与王氏家族联姻以巩固并提升家族地位，如能在王氏门中再选到能为家族带来光环的某一重要人物，那就是好上加好的最佳选择了。想成为太尉女婿"咸自矜持"的诸王子弟，自然也希望通过联姻获得社会声望与实际个体利益。实际上，"矜持"的子弟也不是不能为家族带来光环，只是从个体期待上，尚达不到郗鉴冀以更快地入主流思潮的设想，恰恰是"东床坦腹食，独若不闻"的王羲之，能提供如同光环般的助力。或许，王羲之对郗鉴的这一用意也是了然于心，故而刻意坦腹而食。果真如是，则更符合魏晋时期"妇公"与"女婿"相提并论的品评。

　　王羲之一贯的率情任性、坦然闲散的人生态度，对两个家族而言，实为两得。王氏子弟的身份，正在逐步成为名士们评鉴的对象，通过坦腹东床而联姻郗氏，进一步成为人们谈论的佳话。这个佳话广为人们谈论的潜在的原因其实是通过巧妙的联姻，从本质上加固了两个家族彼此的联盟并巩固了各自的地位。王羲之的这种行动能力，若惊龙般果断，率真而又任性，放任而不逾矩，在两晋士族保家为首的心态下，如此任性而不受约束、坦然而毫不做作的，必然作为佳话，相传甚远。

　　当然，王羲之并不是刻意装出来的飘逸坦率。王、郗联姻后，王羲之对两家所关注的军事、政治等问题并未参与很多，甚至拒任江州刺史，而在青山丽水中自由游弋，在茂林修竹旁书写心志。这样的人生又何尝不是魏晋时代很多人所企慕不已的？当时世家大族子弟辞官不就，并不是新鲜事。相应，基本上每一个世家大族，都要培养一个"闲散"的名士，即便如地位并不高的嵇氏家族也如此宽容地对待任性闲散的嵇康。带

067

着王氏子弟、郗氏女婿的光环如闲云野鹤般自在游弋,这种神秘感又形成了王羲之身上独特又有点神秘的特点,如游云般静静飘逸,闲而不散,为众人仰慕。

无论形容人与形容字,都是王羲之从容而又率真的处事方式与性格特征,并无关形貌细节。这种评价在王恭身上也较为突出。

有人叹王恭形茂者,云:"濯濯如春月柳。"[1]

濯,金文为"",本为鸟在水边梳理羽毛。人如阳春刚长出嫩芽的柳树般,本已经包含了仪态的娇美、柔顺,加之春雨沐浴浸洗,更充溢着清新与无尽的活力,着力强调的也是给人的整体感觉,而不是人物的某一个方面的特点。《红楼梦》第五十回"芦雪庵争联即景诗 暖香坞雅制春灯谜"写宝玉联诗又落了第,众人罚他去求取妙玉梅花,有一段描写:

一看四面粉妆银砌,忽见宝琴披着凫靥裘站在山坡上遥等,身后一个丫鬟抱着一瓶红梅。众人都笑道:"少了两个人,他却在这里等着,也弄梅花去了。"贾母喜的忙笑道:"你们瞧,这山坡上配上他的这个人品,又是这件衣裳,后头又是这梅花,像个什么?"众人都笑道:"就像老太太屋里挂的仇十洲画的《双艳图》。"贾母摇头笑道:"那画的那里有这件衣裳?人也不能这样好!"[2]

---

[1]《世说新语·容止》第 39 则。
[2](清)曹雪芹、高鹗:《红楼梦》,人民文学出版社 1982 年版,第 681 页。

第二章 妆容风尚与峻直人格

这一段描对宝琴身着凫靥裘,立于雪景,只有远观才能体现出的飘逸之美,与《世说新语》中对王恭其人的记载颇有几分相似:

孟昶未达时,家在京口。尝见王恭乘高舆,被鹤氅裘。于时微雪,昶于篱间窥之,叹曰:"此真神仙中人!"[1]

很难判断这种美是因为景色美,还是人物本身美,还是服饰美,因为融合了各种因素的美轮美奂之感,已经不是某一种具体的碎片化的、细节的美。王恭虽然因礼佛而耗资颇多,但他本人却非常节俭,"平生无长物",[2]"濯濯如春月柳"与"神仙中人"切入的角度不同,所表达的意思相近,都是人物与某一种景物或性格特征相结合而产生的整体美感。王恭在谈玄论道时也往往能使人耳目一新:"王恭有清辞简旨,能叙说,而读书少,颇有重出。有人道孝伯'常有新意,不觉为烦'。"[3]言语清新简要,形貌上清爽利落,言貌相合,更符合简洁而又确实脆嫩新鲜的春月之柳。

将神情、动作与人物日常的行为习惯、品行操守、所处背景等相结合,从整体上评价一个人,这种美超出人物的形貌而言及形貌。

有人语王戎曰:"嵇延祖卓卓如野鹤之在鸡群。"答曰:"君未见其父耳!"[4]

---

[1]《世说新语·企羡》第6则。
[2]《世说新语·德行》第44则。
[3]《世说新语·赏誉》第155则。
[4]《世说新语·容止》第11则。

仅仅说一个人身材高大伟岸,其实用非常形象的"鹤立鸡群"就已经足够了,但是倘若是"野鹤之在鸡群",就有了不同的含义。野鹤贵在飘逸的身影、特立独行的洒脱、不受羁绊的思想,王戎以为嵇绍恰恰在这方面不如嵇康。

魏晋风度中的审美,不是单纯地为形象之美而美,人们在审美之外,寄托了因生命感到威慑而产生的忧虑与对生的渴望、对洒脱而又并不闲散的生活方式的期望、对人品格的评品鉴赏。美从来都不是一个单纯客体,魏晋审美的背后,是人们对生的向往与生活方式的态度。

第二节　美妆畅声威仪容

颜之推《颜氏家训·勉学》描写南朝梁全盛之时,贵游子弟出游的情形时称"无不熏衣剃面,傅粉施朱"[1],这是自汉末魏晋以来的风尚日渐弥盛而至浮华的结果。

男子傅粉汉代已有,用于日常生活,并不见得是光彩的行为。《汉书·佞幸传》载籍孺、闳孺"以婉媚贵幸,与上卧起,公卿皆因关说。故孝惠时,郎侍中皆冠鵔鸃,贝带,傅脂粉,化闳、籍之属也",[2]傅粉看上去是一种较为普遍的行为,但对这种行为的评价,还是倾向于讽刺与贬低,认为只是一种奉承邀功的行为,不见得在社会中就广为流行。倘若在日常生活中有傅粉的行为,往往不为人所齿。东汉质帝时李固奏准免职前代未按常规次序任命的官吏百余人,被免者因怨恨匿

---

〔1〕《颜氏家训集解》(增补本),王利器撰,中华书局1993年版,第148页。
〔2〕(汉)班固:《汉书》卷九十三,(唐)颜师古注,中华书局1962年版,第3721页。

名诬告，其中有一则便是"大行在殡，路人掩涕，固独胡粉饰貌，搔头弄姿，槃旋偃仰，从容冶步，曾无惨怛伤悴之心"。[1]

至魏晋时，名士们也会装饰面容，但至于是否真的就是人人敷面施粉，有待进一步考述。史载有关曹植"傅粉"一段，引全文如下：

> 会临菑侯植亦求（邯郸）淳，太祖遣淳诣植。植初得淳甚喜，延入坐，不先与谈。时天暑热，植因呼常从取水自澡讫，傅粉。遂科头拍袒，胡舞五椎锻，跳丸击剑，诵俳优小说数千言讫，谓淳曰："邯郸生何如邪？"于是乃更著衣帻，整仪容，与淳评说混元造化之端，品物区别之意，然后论羲皇以来贤圣名臣烈士优劣之差，次颂古今文章赋诔及当官政事宜所先后，又论用武行兵倚伏之势。乃命厨宰，酒炙交至，坐席默然，无与伉者。及暮，淳归，对其所知叹植之材，谓之"天人"。而于时世子未立。太祖俄有意于植，而淳屡称植材。由是五官将颇不悦。及黄初初，以淳为博士给事中。淳作《投壶赋》千余言奏之，文帝以为工，赐帛千匹。[2]

这段文字介绍的重点在于邯郸淳与曹植的关系，细节上兼有表达曹植"得淳甚喜"的一系列举动：先是"自澡讫""傅粉"，然后进行了一些随性自在的杂戏娱乐，"遂科头拍袒，胡舞五椎锻，跳丸击剑，诵俳优小说数千言"，最后要讨论较为正式的内容时，便"更著衣帻，整仪容"。将"傅粉"置于这

---

[1]（南朝·宋）范晔：《后汉书》卷六十三，（唐）李贤等注，中华书局1965年版，第2084页。
[2] 参见《三国志》卷二十一裴松之注引《魏略》。

一系列活动中,则有可能是当时一种较为隆重或正式的社交必备礼仪,也有可能是为后面的欢娱之事所进行的准备。曹植本人将严肃之事与欢娱之事严格分开,严肃之事则庄穆,欢娱之事则通脱随性。这只能认为傅粉对于曹植等贵族子弟,可能是一种娱乐活动或表达对人礼节时常用的方式,并不能代表当时贵族中就有这种风尚。何晏的傅粉,曹睿之所以怀疑,恰恰说明当时男子傅粉修饰面容的方式还不太常用,而何晏又经常高调炫耀自己傅粉,刘孝标注引《魏略》"晏性自喜,动静粉帛不去手,行步顾影",认为"按此言,则晏之妖丽,本资外饰"。[1]倘若贵族子弟几乎人人都有这样的习气,加之何晏本身就"粉帛不去手",曹睿其实就没有理由去怀疑了。从曹睿一定要试一试的角度看,其实是希望何晏的白就是"本资外饰",或者说,这个结果才是曹睿更希望看到的结果。但是偏偏"动静"之间都"粉帛不去手"的何晏,这次却没有傅粉。曹睿想看出"假",而何晏却表现了"真"。这一则故事放到《容止》篇中,传递出来的信息恰恰是,"真"的结果才是魏晋时人所崇慕的关键。如此,当时贵族子弟是否以傅粉为风尚,似乎并不能由此得出。何晏既然天质白净,按照时人的习惯,没有必要依然进行妆容上的细节修饰,何晏强调自己的妆容,结果由"外饰"而导致过分妖娆艳丽。或者,结合他服药与着妇人之服的行为,他通过白上加美的行为方式只是想更进一步吸引人们的关注,表达一种特殊的人生态度罢了。

与傅粉相关的还有魏晋名士是否随身携带方便补妆修容的

---

[1]《世说新语·容止》第 2 则。

第二章 妆容风尚与峻直人格

物件的问题。如王衍随时带着镜子：

> 王夷甫尝属族人事，经时未行，遇于一处饮燕，因语之曰："近属尊事，那得不行？"族人大怒，便举樏掷其面。夷甫都无言，盥洗毕，牵王丞相臂，与共载去。在车中照镜，语丞相曰："汝看我眼光，乃出牛背上。"[1]

王衍在清谈方面是当之无愧的名家，政治方面却以"狡兔三窟"之言行而负有骂名。[2]这里书写的目的是想表达王衍遭遇如此的羞辱还能从容于车中照镜，集中表现其高雅冷静的一面。王衍本人俊秀文雅，在朝中又位高权重，在车中备镜也不一定就是为了傅粉所用。

至于《颜氏家训》中的"傅粉施朱"，明显是对某些风气的批评。选取魏晋后期某些对前人风气刻意夸大的行为予以批评，也不是没有可能。

因此，魏晋名士有一些人确实在傅粉，但是否就是后来普遍认为的人人以傅粉为时尚，其实是值得进一步探究的。

傅粉以外是熏香。香草在中国文学作品中一直都具有特殊的象征意义，桂馥幽兰、迷迭莲花等，也成了魏晋文学作品中常有的意象。南朝范晔还作有《和香方》，都与这一时期人们的熏香风尚密切相关。其实，熏香本身并无怪异之处，时至今日，人们依然会选用熏香的方式改善局部卫生环境。但魏晋士

---

[1]《世说新语·雅量》第8则。
[2]《晋书》卷四十三："衍虽居宰辅之重，不以经国为念，而思自全之计。说东海王越曰：'中国已乱，当赖方伯，宜得文武兼资以任之。'乃以弟澄为荆州，族弟敦为青州。因谓澄、敦曰：'荆州有江、汉之固，青州有负海之险，卿二人在外，而吾留此，足以为三窟矣。'识者鄙之。"

人的熏香行为，有些已经超出了正常的去秽本意。

石崇厕，常有十余婢侍列，皆丽服藻饰；置甲煎粉、沉香汁之属，无不毕备。又与新衣著令出，客多羞不能如厕。王大将军往，脱故衣，著新衣，神色傲然。群婢相谓曰："此客必能作贼。"[1]

刘季和性爱香，尝上厕还，过香炉上，主簿张坦曰："人名公作俗人，不虚也。"季和曰："荀令君至人家，坐处三日香，为我如何令君，而恶我爱好也。"坦曰："古有好妇人，患而捧心嚬眉，见者皆以为好，其邻丑妇法之，见者走，公便欲使下官遁走耶？"季和大笑，以是知坦。[2]

厕所熏香，本未有异常处，但石崇与刘季和超出了一般日常生活的行为方式，刻意进行了夸张演绎，已经不是以闻起来不难受为目的。婢女都能通过王敦对待夸张熏香的反应而做出"此客必能作贼"的评价，张坦也不顾及上下级的关系，直接以"丑妇效颦，见者必走"相劝，说明所写为熏香，其实已不是对熏香本身的看法。魏晋名士通过将简单而日常的熏香化为不简单、不日常的熏香，已然将之转化为对人物品格和性情的评价。与之相应，熏香也被作为跻于名士之列的标志之一：

谢遏年少时，好著紫罗香囊，垂覆手。太傅患之，而不欲伤其意。乃谲与赌，得即烧之。[3]

建平又善相马。文帝将出，取马外入，建平道遇之语曰：

---

[1]《世说新语·汰侈》第2则。
[2] 参见《艺文类聚》卷七十引《襄阳记》。
[3]《世说新语·假谲》第14则。

第二章 妆容风尚与峻直人格

"此马之相,今日死矣。"帝将乘马,马恶衣香,惊啮文帝膝,帝大怒,即便杀之。[1]

熏香可以传达社会地位、人生追求以及人物品性,成为一种社会地位与身份的象征,是名士们期待形成独特个性特点的外饰方式,与清谈时的麈尾潇洒、生命忧虑中的服药求生又颇为相似。

男子妆容,还涉及胡须的审美。从孝的角度,古人不主张剃须,"身体发肤,受之父母,不敢毁伤,孝之始也",髡首剔发是为刑罚。《颜氏家训》载当时男子剃面的风气,引发了人们对男子剃须的讨论,有人甚至以为当时男子以阴柔外饰为风尚。古人对胡须,有须、髯、髭等不同称谓。所谓"剃面",是将须、髯、髭等全部还是部分剃刮,还是只将其中的某一个部分进行局部修饰,甚至剃须就真的是一种当时风靡的时尚,观点不尽相同。

胡须是表现男子美的一个方面,魏晋时期,关羽、程昱、司马繇、刘琨、郗超等人均以"美须髯"为特意的外貌标志,说明留胡子并不影响男性的审美,与之相应,男性的阳刚气概也为人们所认同:

(桓)温豪爽有风概,姿貌甚伟,面有七星。少与沛国刘惔善,惔尝称之曰:"温眼如紫石棱,须作猬毛磔,孙仲谋、晋宣王之流亚也。"[2]

---

[1] (晋)陈寿:《三国志》卷二十九,(晋)裴松之注,陈乃乾校点,中华书局 1959 年版,第 810 页。

[2] (唐)房玄龄等:《晋书》卷九十八,中华书局 1974 年版,第 2568 页。

《世说新语·容止》所载与此相近，刘惔语称"鬓如反猬皮"。须是嘴上方的胡须；鬓是脸旁靠近耳朵处的头发，可能位置特殊，与头发有时候很难区分，接近于今人所说的络腮胡。桓温的须鬓都向外张着，像是刺猬伸开了刺，看上去较为独特，是"有风概，姿貌甚伟"的一部分。虽然后世认为桓温的这种特异的外貌究竟寓意何在有多层面的探讨分析，然刘惔为晋人，认为桓温有与司马懿的面部特征相近的特点，那就绝对不是在嘲笑或暗喻这一特征的弊端，相反，是在正面地强调其英雄气概。

桓温也确实以为自己的雄姿气概与司马懿、刘琨属于一类，有人拿他同王敦相比，他就有点愤愤不平。《语林》中记载了一个有关桓温外貌的故事：

> 桓温自以雄姿风气，是司马宣王、刘越石一辈器。有以比王大将军者，意大不平。征苻健还，于北方得一巧作老婢，乃是刘越石妓女。一见温入，潸然而泣。温问其故，答曰："官家甚似刘司空。"温大悦，即出外修整衣冠，又入，呼问："我何处似司空？"婢答曰："眼甚似，恨小；面甚似，恨薄；须甚似，恨赤；形甚似，恨短；声甚似，恨雌。"宣武于是弛冠解带，不觉愦然而睡，不怡者数日。[1]

这里专门讨论桓温与刘琨胡子相似处，可见刘琨也是"须作猬毛磔"，属"孙仲谋、晋宣王之流"，就是桓温胡须的颜色逊色了点，有些发"赤"，时人觉得长成这种颜色不好看。再看胡须颜色有点特殊的，曹彰就被曹操呼为"黄须

---

[1] 参见《太平御览》卷三九六引《语林》。

第二章 妆容风尚与峻直人格

儿",且曹操颇有几分为儿子自豪的意味;再看晋明帝司马绍被王敦称作"黄须鲜卑奴",虽然称呼中透漏出对这种胡须颜色的一些鄙夷,但这也并未影响司马绍作为帝王的身份与功业。无论被称赞还是被鄙夷,曹彰、司马绍、桓温都未因胡须的颜色特殊而选择剃须,且这也没有对他们实际的社会地位产生影响。可见,剃面在当时可能并不具有代表性,相反,多须倒是当时大多数有气概的英雄形象的标志。

王珣、郗超并有奇才,为大司马所眷拔。珣为主簿,超为记室参军。超为人多须,珣状短小。于时荆州为之语曰:"髯参军,短主簿;能令公喜,能令公怒。"[1]

同王敦、桓温一样,郗超也是当时颇具争议的人物。不过除去"温不轨,欲立霸王之基,超为之谋"的因素,郗超的谋略与才能则是无可争议的。郗超"有奇才",在很多方面都能表现出来。谋虑方面,桓温北伐遇"枋头之耻"行前,郗超是最重要的一个劝阻者,这让桓温对郗超后来一直都刮目相看。在鉴定人、品评人方面,郗超虽然因为父亲处于"优游散地"之位而不及谢安"入掌机权",但当谢安举谢玄拒敌且朝中多以为不妥的状态下,郗超却由衷地赞叹谢安,肯定谢玄。在艺术才能方面,他曾模拟作为书法名家的父亲郗愔的笔迹修改给桓温的书信内容,以假乱真。在与父亲关系的处理方面,他安慰父亲的故事更是家喻户晓:"超虽实党桓氏,以愔忠于王室,不令知之。将亡,出一箱书,付门生曰:'本欲焚之恐公年尊,必以伤慼为弊。我亡后,若大损眠食,可呈此

[1]《世说新语·宠礼》第3则。

箱。不尔，便烧之。'愔后果哀悼成疾，门生依旨呈之，则悉与温往反密计。愔于是大怒曰：'小子死恨晚矣！'更不复哭。"[1]这一切"有奇才"的行为，汇聚在面部特征方面，全部聚集于"多须"多"髯"。

郗超无疑是家族里中流砥柱式的人物，也是了不起的政治人物，他参与名士们谈玄论道的交游活动，却没有因为与名士的交往而剃掉须髯。而且，有这样的胡子并未影响人们对他谋略与英雄气概的品评。相比较而言，如果说桓温的胡子多少还有点乱臣贼子不审时度势的"异相"意味，郗超的胡子则成了睿智的标志。人称"盛德绝伦郗嘉宾"，谢安也赞叹王氏子弟多不如郗超，都表现出了对这位多"须"多"髯"的"奇才"的肯定与认同。

即便不是看起来很突出的络腮胡子，也被认为是美的：

魏武将见匈奴使，自以形陋，不足雄远国，使崔季珪代，帝自捉刀立床头。既毕，令间谍问曰："魏王何如？"匈奴使答曰："魏王雅望非常，然床头捉刀人，此乃英雄也。"魏武闻之，追杀此使。[2]

余嘉锡认为这是西汉事，刘义庆列到建安朝，弄颠倒了，而且："此事近于儿戏，破类委巷之言，不可尽信。然刘子玄之持论，亦复过当。"这并不影响我们对当时审美风尚的认知。记载中暗含了对两个人的审美，一是曹操，另一是崔琰。清河崔氏，一直是中原大族，在魏晋名士中也不乏代表人物。

---

[1]（唐）房玄龄等：《晋书》卷六十七，中华书局1974年版，第1804页。
[2]《世说新语·容止》第1则。

第二章 妆容风尚与峻直人格

选崔琰作为代表,根本原因是曹操"自以形陋",则所找的人应该是外形英姿飒爽、符合当时审美的标准。《三国志·魏志·崔琰传》载:

> 琰声姿高畅,眉目疏朗,须长四尺,甚有威重,朝士瞻望,而太祖亦敬惮焉。[1]

崔琰的威仪并不体现在身高、体型上,而是有特别的语音与胡须,符合时人的审美,能表现出其"威重"且受人"瞻望"的威严特点。这样的特点,又往往与人格精神和个性特点密切相关,崔琰被杀,从表面上看也和能代表他这些特征的胡须有关:

> 琰尝荐钜鹿杨训,虽才好不足,而清贞守道,太祖即礼辟之。后太祖为魏王,训发表称赞功伐,襃述盛德。时人或笑训希世浮伪,谓琰为失所举。琰从训取表草视之,与训书曰:"省表,事佳耳!时乎时乎,会当有变时。"琰本意讥论者好谴呵而不寻情理也。有白琰此书傲世怨谤者,太祖怒曰:"谚言'生女耳','耳'非佳语。'会当有变时',意指不逊。"于是罚琰为徒隶,使人视之,辞色不挠。太祖令曰:"琰虽见刑,而通宾客,门若市人,对宾客虬须直视,若有所瞋。"遂赐琰死。[2]

崔琰的品藻,从建议曹操立嗣最能反映出来,曹植是崔琰

---

[1] (晋)陈寿:《三国志》卷十二,(晋)裴松之注,陈乃乾校点,中华书局1959年版,第369页。

[2] (晋)陈寿:《三国志》卷十二,(晋)裴松之注,陈乃乾校点,中华书局1959年版,第369页。

的侄女婿，但崔琰还是坚持以立长的角度，请立曹丕。他被赐死，因为被处罚之后论事声调未曾服于惩戒，依然"高畅"且"虬须直视，若有所瞋"，这显然有双关的含义：一方面是崔琰依然保持正而不阿的人格特点，一方面确实也是因为胡须蓬乱且很长的原因。

史载并没有说这个时候不剃须就不美，也没有说一定就要剃须，我们其实不能推断出魏晋时期是否真的就以剃须为美。只是，魏晋时期的人开始接受剃须，接受对胡须的"伤"与修饰，这已经足以能引发与服药、饮酒、傅粉、熏香同样备受人们关注的作用了。

《颜氏家训·勉学》所载的东晋贵游子弟剃须的行为，是一种夸大所谓风流效颦而已。

> 梁朝全盛之时，贵游子弟，多无学术，至于谚云："上车不落则著作，体中何如则秘书。"无不熏衣剃面，傅粉施朱，驾长檐车，跟高齿屐，坐棋子方褥，凭斑丝隐囊，列器玩于左右，从容出入，望若神仙，明经求第，则顾人答策，三九公讌，则假手赋诗。当尔之时，亦快士也。及离乱之后，朝市迁革，铨衡选举，非复曩者之亲；当路秉权，不见昔时之党，求诸身而无所得，施之世而无所用。被揭而丧珠，失皮而露质，兀若枯木，泊若穷流，鹿独戎马之间，转死沟壑之际。当尔之时，诚驽材也。有学艺者，触地而安。自荒乱以来，诸见俘虏。虽百世小人，知读《论语》《孝经》者，尚为人师；虽千载冠冕，不晓书记者，莫不耕田养马。以此观之，安可不自勉耶？若能常保数百卷书，千载终不为小人也。〔1〕

---

〔1〕《颜氏家训集解》（增补本），王利器撰，中华书局1993年版，第148页。

第二章 妆容风尚与峻直人格

从这个角度看，剃须是名士们偶然进行的一种妆容，但是被一些只懂得从行为上模拟的贵游子弟们进行了超乎常态的夸大与张扬。人们对天然的须髯仍存有审美的风尚，甚至，去掉刻意的模拟，人们其实更倾向于喜欢这种自然天成、与人格精神密切相关的胡须。

此外，还有对高畅之声的追慕。有关魏晋人对言语声音的要求，崔琰的声姿高畅已经可以为证。《三国演义》第四十一回张飞长坂桥一声怒吼，夏侯杰心惊胆战，从马上跌下而死。小说的描写当然不免采用对比夸张的手法，这一声吼除了表现张飞之勇武阳刚，也能发现当时的审美风尚中喜欢嗓门大、声音洪亮的一些线索。魏晋名士流行的潇洒行为"啸"也以声音洪亮为美：

> 阮步兵啸，闻数百步。苏门山中，忽有真人，樵伐者咸共传说。阮籍往观，见其人拥膝岩侧，籍登岭就之，箕踞相对。籍商略终古，上陈黄、农玄寂之道，下考三代盛德之美，以问之，仡然不应。复叙有为之教，栖神导气之术以观之，彼犹如前，凝瞩不转。籍因对之长啸。良久，乃笑曰："可更作。"籍复啸。意尽，退，还半岭许，闻上㕏然有声，如数部鼓吹，林谷传响，顾看，乃向人啸也。[1]

从当时咏器乐的相关赋文来看，当时并非不崇尚琴、阮、笙、箫等，但魏晋人崇尚自然，在音乐中也是如此，人们认为"丝不如竹，竹不如肉"，[2]由人的发声器官发出的肉声要远

---

[1]《世说新语·栖逸》第1则。
[2]《世说新语·识鉴》第16则刘孝标注引《孟嘉别传》载桓温问孟嘉："听伎，丝不如竹，竹不如肉，何也？"答曰："渐近自然。"

远比单纯靠其他媒介发出的声音更接近自然,是所有的乐音中的最上者。魏晋名士的"啸"就完全靠口技完成,在表达"精性命之至机,研道德之玄奥。愍流俗之未悟,独超然而先觉"的精神独立方面,无需任何媒介,且啸本身的音量要足,可以"仰天衢而高蹈""慷慨而长啸"(成公绥《啸赋》),音量"如数部鼓吹,林谷传响",才是最佳境界。

当时对驴鸣的模拟也成为风尚。《世说新语》载:

> 王仲宣好驴鸣。既葬,文帝临其丧,顾语同游曰:"王好驴鸣,可各作一声以送之。"赴客皆一作驴鸣。[1]

如果说戴良学驴鸣,是为了迎合个体喜好,[2]魏晋人学驴鸣则已经形成一种风尚,追究这种风尚的形成,与当时的文艺审美其实是有相同之处的。首先,魏晋审美,与雅好慷慨之声相结合,刘继庄《广阳杂记》载"驴鸣似哭,马嘶似笑"。驴鸣之声音恰恰符合人们的这种悲凉审美。其次,驴鸣的音调比较高,颇具穿透力,也能表现出人们对声音阳刚方面的审美。最后,与喜啸相近,虽然是驴鸣之声,但因为是不借任何外物与器乐的本声,最能表现时人求真的审美心态。因此,好驴鸣,虽不一定为一般人所理解,但成了名士们彼此心灵相通、人生理想相近的标志。

> 孙子荆以有才,少所推服,唯雅敬王武子。武子丧时,名士无不至者。子荆后来,临尸恸哭,宾客莫不垂涕。哭毕,向

---

[1]《世说新语·伤逝》第 1 则。
[2]《后汉书》卷八十三载戴母"喜驴鸣",子戴良"常学之,以娱乐焉"。

第二章 妆容风尚与峻直人格

灵床曰:"卿常好我作驴鸣,今我为卿作。"体似真声,宾客皆笑。孙举头曰:"使君辈存,令此人死!"[1]

孙楚模拟驴鸣"体似真声",已经到了不但声音像,连动作也极为相似的地步,说明他长期模拟这种声音并不断练习。驴鸣也因此有"孙楚声"的雅称。孙楚所模拟的声音,除了驴鸣时声音的物理音色、音长、音高等方面以外,还有超出物理因素的乐音的因素:倘若是一个能欣赏驴鸣之声的人,便可以共做驴鸣之声;倘若是一个连驴鸣之声都不能理解却当作笑料的人,又怎能与自己共处互赏?"使君辈存,令此人死!"对音声的认同态度,其实不仅仅是声音大或者小的问题,而是成了是否认同一个有关人生境界与理想的规约。驴鸣也不仅仅是声音大还是不大,模仿得像还是不像的问题,其着力点转向了神韵之美。对这种带有阳刚的神韵气韵的欣赏,在桓嗣似母一事的评说中也有反映:

桓豹奴是王丹阳外生,形似其舅,桓甚讳之。宣武云:"不恒相似,时似耳!恒似是形,时似是神。"桓逾不说。[2]

余嘉锡认为人生来像舅舅的多的是,不知道桓嗣为什么要忌讳。联系时人审美方面的风尚,似乎能发现一些桓嗣生气的理由。人家都说桓嗣长得像舅舅,也就是说他像妈妈,这本是很正常的事情,但关键在于一般人"形似母,情性须别",而桓嗣不光是形似,性情上可能也有几分妈妈的影子,所以他忌

---

[1]《世说新语·伤逝》第3则。
[2]《世说新语·排调》第42则。

讳别人说自己像妈妈，因为这个"像"有说他做事不够阳刚的意味。而桓温则更有拿这件事打趣的意味，专门提出：别人长相像舅舅很常见，因为只是容貌相似，也是改变不了的，是"恒似"；但桓嗣像舅舅可不是"形"方面的"恒似"，更重要的是神情方面"时似"，"时似"以外，剩下的更多时候却不似舅舅一般阳刚。这就如同在说，桓嗣虽然长得像舅舅，时不时表现出来的神情可不像舅舅那样有男子气，比之舅舅更像妈妈一些。这相当于在取笑桓嗣阳刚不足、阴柔有余。

魏晋是一个美的时代，这个时代美男子多，人们仰慕各种美的形貌，追求美的风貌。但其实，这些美并不是因为美而存在，而是因为人们审美的心态而存在，这时期的人们在努力发现人与事之美，通过看到人物的小美，借以衬托那个时代未能实现的大美，通过对一些事物的另类审美，希望能找到独特而又能体现个体的美。这个时代每一个美的背后，都渗透着人物本身的人格之美。

第三节　嵇康之"俊"与"峻"

嵇康集中体现了容貌举止之俊与人格理想之峻。

> 康长七尺八寸，伟容色，土木形骸，不加饰厉，而龙章凤姿，天质自然。正尔在群形之中，便自知非常之器。
>
> 康美音气，好容色。[1]
>
> 康早孤，有奇才，远迈不群。身长七尺八寸，美词气，有

---

〔1〕《世说新语·容止》第5则刘孝标注引《康别传》、余嘉锡笺疏引《文选·五君咏》注引《嵇康别传》。

风仪，而土木形骸，不自藻饰，人以为龙章凤姿，天质自然。[1]

嵇康之俊，首先是容貌俊逸、体格"伟"岸，走到哪里都会有鹤立鸡群的感觉，更何况这是天质自然、不加外饰的"真"容貌。嵇康"美音气""美词气"，说话的声音动听，至少不是王敦那样的"雌声"，契合时人审美标准，这样的音色配合说话语气、修辞、辞藻等，对人有一种天然的吸引力，史载兵家子赵至就对嵇康非常痴迷：

年十四，诣洛阳，游太学，遇嵇康于学写石经，徘徊视之不能去，而请问姓名。康曰："年少何以问邪？"曰："观君风器非常，所以问耳。"康异而告之。后乃亡到山阳，求康不得而还……年十六，游邺，复与康相遇，随康还山阳，改名浚，字允元。康每曰："卿头小而锐，童子白黑分明，有白起之风矣。"及康卒，至诣魏兴见太守张嗣宗，甚被优遇。[2]

嵇康之俊，其次是文艺才能之高俊。魏晋时期，很多名士都有一定的音乐修养，而且善于将音乐实践、音乐理论与玄学清谈、其他艺术形式尤其是文学创作相联系。嵇康在这些方面尤为擅长。在音乐创作方面，传说他作有琴曲《风入松》，[3]

---

[1]（唐）房玄龄等：《晋书》卷四十九，中华书局1974年版，第1369页。
[2]（唐）房玄龄等：《晋书》卷九十二，中华书局1974年版，第2377页。《世说新语·言语》刘孝标注称嵇绍《赵至叙》，又《文选》卷第四十三、《全晋文》卷六十七均收《与嵇茂齐书》，署作者名为赵至。《全晋文》卷六十五有嵇绍《叙赵至》言："赵景真与从兄茂齐书，时人误谓吕仲悌与先君书。"予以申明。嵇茂齐，名蕃，嵇喜子。
[3]《乐府诗集·卷六十·琴曲歌辞四》引："《琴集》曰:《风入松》，晋嵇康所作也。"

史载隋炀帝时曾以"九弄"取仕,就是嵇康的"嵇氏四弄"与蔡邕"蔡氏五弄"的合称。[1]琴对嵇康而言,有特殊的意义。据传嵇康曾有一把珍惜如命、自以为价值不菲的琴,旧署后唐冯贽《云仙杂记》载有关此琴的传闻:"嵇康抱琴访山涛,涛醉欲剖琴。康曰:'吾卖东阳旧业以得琴。乞尚书令河轮珮玉,截为徽货,所衣玉帘中单买缩丝为囊,论其价,与武库争先。汝欲剖之,吾从死矣。'"[2]嵇康在买琴、装饰琴方面颇为用心,因为对于他而言,琴之所以珍贵,是贵于德。他作《琴赋》,因"众器之中,琴德最优"而"缀叙所怀",赋中指出"然非夫旷远者,不能与之嬉游;非夫渊静者,不能与之闲止;非夫放达者,不能与之无吝;非夫至精者,不能与之析理也"。[3]观嵇康的人生观,又何尝不是如此:与旷达之人嬉游于竹林之间,同至精之士析理于清谈聚会,这最淳朴的静默之志与放达的心态,闲游抚琴,寄托理想。

琴曲中有嵇康的人格理想,他善弹《广陵散》,对此曲进行过较大改造,以至于很多传闻都说他是从鬼神那里学得

---

[1] 《乐府诗集》卷五十九载:"《琴历》曰:'琴曲有《蔡氏五弄》。'《琴集》曰:'五弄,《游春》《渌水》《幽居》《坐愁》《秋思》,并宫调,蔡邕所作也。'《琴书》曰:'邕性沈厚,雅好琴道。嘉平初,入青溪访鬼谷先生。所居山有五曲:一曲制一弄,山之东曲,常有仙人游,故作《游春》;南曲有涧,冬夏常渌,故作《渌水》;中曲即鬼谷先生旧所居也,深邃岑寂,故作《幽居》;北曲高岩,猿鸟所集,感物愁坐,故作《坐愁》;西曲灌水吟秋,故作《秋思》。三年曲成,出示马融,甚异之。"《琴议》曰:"隋炀帝以嵇氏四弄、蔡氏五弄,通谓之九弄。'"又《文献通考》卷一百三十七:"有以嵇康为之者,《长清》《短清》《长侧》《短侧》之类也。"

[2] 《四部丛刊续编·子部·云仙杂记》卷二"琴价与武库争先"则引《金徽变化篇》,上海涵芬楼景印常熟瞿氏铁琴铜剑楼藏明刻本。

[3] (三国·魏)嵇康:《嵇康集校注》,戴明扬校注,中华书局2015年版,第126~131页。

第二章 妆容风尚与峻直人格

此曲：

> 嵇康灯下弹琴，忽有一人长丈余，著黑单衣革带，熟视之。乃吹火灭之，曰："耻与魑魅争光。"尝行，去路数十里，有亭名月华。投此亭，由来杀人。中散心神萧散，了无惧意。至一更，操琴先作诸弄，雅声逸奏，空中称善。中散抚琴而呼之："君是何人？"答云："身是故人，幽没于此。闻君弹琴，音曲清和，昔所好，故来听耳。身不幸非理就终，形体残毁，不宜接见君子，然爱君之琴，要当相见，君勿怪恶之。君可更作数曲。"中散复为抚琴击节曰："夜已久，何不来也？形骸之闲，复何足计？"乃手挈其头曰："闻君奏琴，不觉心开神悟，怳若蹔生。"遂与共论音声之趣，辞甚清辩，谓中散曰："君试以琴见与。"乃弹《广陵散》，便从受之，果悉得。中散先所受引，殊不及。与中散誓：不得教人。天明语中散："相与虽一遇于今夕，可以远同千载。于此长绝，不能怅然。"[1]

《广陵散》曲，据载汉代就有，之所以传闻嵇康由鬼而得曲，很可能是嵇康对旧谱改造较多，或许在弹奏的方法等方面也有革新。以放达渊静为志的嵇康，对金刚怒目的曲子如此神往，也许，他的内心也藏有金刚怒目的情感与志向，在无法释放的时候，需要放达来遗忘，需要渊静来消解。可以想见，他对琴有极其特殊的感情，所以，在《琴赋》中，他提出"琴德最优"，将人、琴、德关联起来。其后不久，人们不但在评价文学作品的时候会想起这篇名著，在对一个人进行道德评价

---

[1]《世说新语·雅量》第 2 则余嘉锡笺疏引《广记》三百十七引《灵鬼志》，第 346 页。

的时候，也会想到《琴赋》。

或问顾长康："君《筝赋》何如嵇康《琴赋》?"顾曰："不赏者，作后出相遗。深识者亦以高奇见贵。"[1]

许玄度言："《琴赋》所谓'非至精者，不能与之析理'，刘尹其人；'非渊静者，不能与之闲止'，简文其人。"[2]

《琴赋》作为写作的范例与人物评品时的重要依据，代表了人们对嵇康其人的评价与认同。嵇康的《声无哀乐论》也是在音乐造诣的基础上进行的有关音乐与人、社会关系问题的析理名著。对于音乐，嵇康有一种与礼乐不一样的情感。礼乐中的音乐，是用来教化的工具，而在嵇康看来，音乐就是个体人格的代表，因而也与个体的品德、理想与人格精神相关。

嵇康在绘画、书法方面也非常出色，虽现已不见其成就，但从唐人所论，尚能体味。张怀瓘以为就草书而言，"伯英第一，叔夜第二，子敬第三，处冲第四，世将第五，仲将第六，士秀第七，逸少第八"，直接将嵇康的草书置于"二王"之上：

叔夜身长七尺六寸，美音声，伟容色，虽土木形体，而龙章凤姿，天质自然，加以孝友温恭，吾慕其为人，尝有其草写《绝交书》一纸，非常宝惜。有人与吾两纸王右军书，不易。近于李造处见全书，了然知公平生志气，若与面焉。后有达识者，览此论当亦悉心矣。夫知人者智，自知者明。论人才能，

---

[1]《世说新语·政事》第98则。
[2]《世说新语·赏誉》第111则。

第二章 妆容风尚与峻直人格

先文而后墨。[1]

张怀瓘本着"先文而后墨"的原则,羡慕嵇康之为人,因而有如此评价。其后唐窦臮《述书赋》称嵇康书法:"叔夜才高,心在幽愤。允文允武,令望令闻。精光照人,气格凌云。力举巨石,芳逾众芬。"[2]《诗经·鲁颂·泮水》以"允文允武"赞鲁公的文武才能,《诗经·大雅·卷阿》以"令望令闻"赞鲁公之美德。透过字看人的修养与品行,字如其人,面字如面人,足见,嵇康的字与人格是融合的,人们评价其字已不止于字,而是服膺于其透出的跨时空的人格感染力。

在哲学方面嵇康也为后人称道:

旧云,王丞相过江左,止道《声无哀乐》《养生》《言尽意》三理而已。然宛转关生,无所不入。[3]

王导最为推崇的,除了欧阳建的《言尽意论》,《声无哀乐论》《养生论》都是嵇康的名作。

在文学创作方面,《文选》收有其《琴赋》《杂诗》《幽愤诗》《赠秀才入军》《与山巨源绝交书》等。[4]其中,《养

---

[1] (唐)张彦远辑:《法书要录》,洪丕谟点校,上海书画出版社1988年版,第123、125页。又《太平御览》卷七四八引张怀瓘《议书》曰:"有推轮草意之妙,后学得鱼猎其中,宜为第一,叔夜第二,子敬第三,处冲第四,世将第五,仲将第六,士秀第七,逸少第八。"

[2] (唐)张彦远辑:《法书要录》,洪丕谟点校,上海书画出版社1988年版,第144页。

[3] 《世说新语·文学》第21则。

[4] (梁)萧统编:《文选》,(唐)李善注,上海古籍出版社1986年版,第835、1366、1081、1127、1923页。

生论》《声无哀乐论》《琴赋》等,在当时已成为人们欣赏谈论的名篇。嵇康的文艺才能,并不是简单的技法问题,而是渗透着他的人格精神与人格理想,这与他诗歌创作的"清峻"是一致的。嵇康的真正魅力,不在于外表,也不在于其文艺才能,而在于其不受任何世俗杂念影响而又能坚持自己理想、棱角分明的性格因素。这种魅力与何晏等人的精心扮饰、行步顾影有本质的不同:

> 简文云:"何平叔巧累于理,嵇叔夜俊伤其道。"[1]

《晋书》本传称嵇康"性绝巧而好锻"。"巧"在魏晋时期并不罕见,且"巧"的方式各有不同,如何晏也"巧",主要是在论理清谈方面投机取巧,不光在他别出心裁地着妇人装,精心策划的举止动作,举手投足间的夸张显露以及提倡新说、服用奇药、混乱生活的种种怪诞行为。而嵇康则明显以卓越的人格魅力吸引人。何晏渴望别人关注,不欲低调,而嵇康渴望成为一个低调的人,却又不经意间被人关注。嵇康天性"绝巧",是自然而然的敏捷之巧。"性绝巧"加之好服食又好锻铁,嵇康的美非常独特。

尽管如此,嵇康对自己的评价却不高:

> 少加孤露,母兄见骄,不涉经学,性复疏懒,[筋]驽肉缓,头面常一月十五日不洗,不大闷痒,不能沐也。每常小便而忍不起,令胞中略转乃起耳。又纵逸来久,情意傲散,简与

---

[1]《世说新语·品藻》第 31 则。

礼相背，懒与慢相成，而为侪类见宽，不攻其过。[1]

此处当然有嵇康刻意"丑化"自己的因素，然而至少可以见出嵇康并不觉得自己的容貌外形有值得骄傲之处，无非是"筋驽肉缓"、蓬头垢面罢了。倒是自己经常不加修饰到异于常人、懒散到异于常人是一件值得提的事情。嵇康非常恳切地承认，自己也不是不知道有这些异于常人的坏毛病，最根本的是"侪类见宽，不攻其过"，由于亲情的善意与温暖，只是这些毛病都被宽容了而已。

《世说新语》所论同游之人的评价却不同：

见者叹曰："萧萧肃肃，爽朗清举。"或云："肃肃如松下风，高而徐引。"山公曰："嵇叔夜之为人也，岩岩若孤松之独立；其醉也，傀俄若玉山之将崩。"[2]

有人语王戎曰："嵇延祖卓卓如野鹤之在鸡群。"答曰："君未见其父耳！"[3]

倘若只是形容一个人的形貌美，其实用"高而引""若松立""若山崩""如鹤在鸡群"则足矣。而正是因为汇入了对一个人精神气质的评价，故而才有"高而徐引""若孤松之独立""若玉山之将崩"，才有比其子"如野鹤之在鸡群"更为飘逸的形象。这里的"萧萧肃肃，爽朗清举"，很难找到确切的词语来翻译，因为这是一个人生来浑然天成的气质和清直爽

---

[1]（三国·魏）嵇康：《嵇康集校注》，戴明扬校注，中华书局2015年版，第178页。
[2]《世说新语·容止》第5则。
[3]《世说新语·容止》第11则。

魏晋名士的风尚与规约

朗的人格魅力共同造就的,是基于长期生活交游的深刻认知后进行的评价。王戎、山涛诸人,经过长期与嵇康交游相处后,得到的体验与总结,经过了深入了解与感悟。足见,嵇康与同时代的潘岳美到被"掷果盈车"不同,狂热地向潘岳掷果的男男女女,并不一定都了解潘岳,有的人甚至可能都不认识他是谁,就盲目地跟风,狂热地掷果。众人所羡慕的,仅仅是潘岳其人外在的姿容,判断的依据仅仅是形体、容貌,并不去追求其是不是美由外饰,也不去追究其日常行为,仅仅是一些狂热的假"粉"。而嵇康的几位友人所作出的评价,却以长期观察与认识为基础。如果说赵至第一次见到嵇康被吸引多少也有盲从的因素,但曾经这么亲近同游之人,看到的不是嵇康的缺点,却是优点,这就不得不承认是嵇康一贯的举止行为与人格魅力所在了。

嵇康之俊,核心在于"龙章凤姿,天质自然",并非修饰所得,嵇康之艺术才能,也与其人格高峻不可分。嵇康偏偏不注重修饰自己,"土木形骸"却又能给人以"容色"之美。他没有像王弼那样只要意见相左就强辩争理、口出狂言以展辩才,也没有如潘岳般招摇过市以示风姿特秀。何晏以"服妖"获讥,王弼以"所长笑人"为"世君子所疾",潘岳入"二十四友",至今仍有人以为不齿。嵇康之俊其实已经是一种集人格、气质、举止、言谈于一体的美,这种美的基本特点就是真实、坦然而不雕饰。容貌之"俊"并不是嵇康有魅力的根本原因,其品格之"峻",才是其真正的人格魅力所在。

嵇康认为自己"纵逸来久,情意傲散",即过惯了随意、闲散的生活,导致对周围的一切都有一种自然而然的懒散心

第二章 妆容风尚与峻直人格

态。这种"傲散"并不是一种事不关己就不闻不问的漠然态度,而是结合自己认定的生活态度、经过静心观察后对结果做出的反馈。因为嵇康对事物的看法有连贯性,并不会随着很多外界的因素,如名望高低、名气大小而发生改变,最为典型的就是对当时的名人钟会。

钟士季精有才理,先不识嵇康。钟要于时贤俊之士,俱往寻康。康方大树下锻,向子期为佐鼓排。康扬槌不辍,傍若无人,移时不交一言。钟起去,康曰:"何所闻而来?何所见而去?"钟曰:"闻所闻而来,见所见而去。"[1]

钟会是钟繇的小儿子。他在大事面前能保持难得的镇定,魏文帝曹丕首次召见他和哥哥,他镇静异常,还辩称自己是"汗不敢出",巧妙地强调了自己的敬畏之心。他也不墨守成规,应变能力非常强,认为偷得的酒就不用讲酒礼就是证明。所以,蒋济认为这个人是"非常人也"。成年后,钟会在征讨毌丘俭、诸葛诞期间,非常受重用,"会谋居多,亲待日隆,时人谓之子房""为腹心之任"。[2]他受到信任,《魏氏春秋》认为"名公子,以才能贵幸",与其说是因为是名公子,不如说是因为是出身名家的名士,"名上加名",自然就会不一般。据载"五字客"的典故就是说钟会的才能。《三国志·钟会传》裴松之注引《世语》:

司马景王命中书令虞松作表,再呈辄不可意,命松更定。

---

[1]《世说新语·简傲》第3则。
[2](晋)陈寿:《三国志》卷二十八,(晋)裴松之注,陈乃乾校点,中华书局1959年版,第787页。

以经时,松思竭不能改,心苦之,形于颜色。会察其有忧,问松,松以实答。会取视,为定五字。松悦服,以呈景王,王曰:"不当尔邪,谁所定也?"松曰:"钟会。向亦欲启之,会公见问,不敢饕其能。"王曰:"如此,可大用,可令来。"会问松王所能,松曰:"博学明识,无所不贯。"会乃绝宾客,精思十日,平旦入见,至鼓二乃出。出后,王独拊手叹息曰:"此真王佐材也!"〔1〕

事实证明,钟会是一个非常会观察时局的人,曹马之争中他也周旋得非常巧妙,成了司马氏的强劲"佐材"。本来一个人有这方面的才能就已经非常不易了,但钟会的才能还不止于此,他的才能在精理析微方面也有所体现:

钟会撰《四本论》始毕,甚欲使嵇公一见。置怀中,既定,畏其难,怀不敢出。于户外遥掷,便回急走。〔2〕

据刘孝标的注释,《四本论》言才性同、异、合、离,钟会主要论才性合。王僧虔认为时人有两个最为重要的谈论的资本,也即"言家口实",其一就是才性四本,其二是声无哀乐。〔3〕才性四本的主要代表是钟会、傅嘏、李丰、王广,声无哀乐的主要代表就是嵇康。从这个角度看,钟会写成《四本论》,求教于嵇康,一方面是虚心,另一方面也渴望得到一个较为肯定的评价。这对于有才能且对未来的发展有筹划的人

---

〔1〕(晋)陈寿:《三国志》卷二十八,(晋)裴松之注,陈乃乾校点,中华书局1959年版,第784页。
〔2〕《世说新语·文学》第5则。
〔3〕(梁)萧子显:《南齐书》,中华书局1972年版,第598页。

第二章 妆容风尚与峻直人格

而言,也并不过分。从这个角度看,嵇康和钟会算得上是不同志的同行,钟会是很诚恳地想和嵇康讨论相关问题的。

锻铁见面之前,钟会还是颇为自信的。试想他当时兼有的身份是:贵公子、司马亲信、思想界精英,这样一位要人带着一帮当时的名家——可以想见大都是对钟会的思想极力拥护称颂的名家——浩浩荡荡地见嵇康。这原本就体现出了两个方面的问题:其一,钟会对嵇康的名声早就盘点过,所以才要多带人,以做好充分准备应对嵇康;其二,钟会想在势头上找茬、杀杀嵇康的威风,以挫败嵇康,显示实力。结果事与愿违,嵇康都不搭理他们,连搭话的机会都没有,更不用说与之论辩了。从嵇康的行为上看,其实不言胜于有言,论辩胜负对于嵇康而言,都不是好的结果,负则名损,胜则名累。故而嵇康不言,是为明智之举。他本可以骄傲到底,自始至终一言不发,也是占上风的。但嵇康恰恰又是个不愿意巧藏心机的人,所以又终究忍不住发问:"何所闻而来?何所见而去?"率真性格是藏不住事的,至清至峻,容不得心有不平,心有不平则形于言论。《晋书》载"嵇康等见诛,皆会谋也",认为嵇康见杀,祸根在此。

对嵇康而言,他会不会诘难一个人,会不会与一个人交游往来,不是决定于政治身份或天资才能,而是志趣相投。钟会做事从某种程度上,有刻意谋略、投机取巧的成分,嵇康并不赞赏。嵇康针对的并不是某一个人,而是某一类在社会上已经普遍流行但他却不能接受的行为。山涛推荐他为官,他提出"绝交"也不是针对某一个人,而是不愿意"屈"节、改变自己的人生理想:

魏晋名士的风尚与规约

山公将去选曹，欲举嵇康，康与书告绝。

山巨源为吏部郎，迁散骑常侍，举康，康辞之，并与山绝。岂不知山之不以一官遇己情邪？亦欲标不屈之节，以杜举者之口耳！乃答涛书，自说不堪流俗，而非薄汤武。大将军闻而恶之。（刘孝标注引《康别传》）[1]

对于嵇康而言，清峻既是他的性格特征，也是他的人生理想，无论社会的风尚怎样，只要与自己的人生理想相悖，都超出了他的人生规则之外。《与山巨源绝交书》列举出了所谓不能做官的"七不堪"者，其实就是嵇康自己的人生规则。

有必不堪者七，甚不可者二：

卧喜晚起，而当关呼之不置，一不堪也。抱琴行吟，弋钓草野，而吏卒守之，不得妄动，二不堪也。危坐一时，痹不得摇，性复多虱，把搔无已，而当裹以章服，揖拜上官，三不堪也。素不便书，又不喜作书，而人间多事，堆案盈机，不相酬答，则犯教伤义，欲自勉强，则不能久，四不堪也。不喜吊丧，而人道以此为重，已为未见恕者所怨，至欲见中伤者；虽瞿然自责，然性不可化，欲降心顺俗，则诡故不情，亦终不能获无咎无誉如此，五不堪也。不喜俗人，而当与之共事，或宾客盈坐，鸣声聒耳，嚣尘臭处，千变百伎，在人目前，六不堪也。心不耐烦，而官事鞅掌，机务缠其心，世故烦其虑，七不堪也。

又每非汤、武而薄周、孔，在人间不止，此事会显，世教所不容，此甚不可一也。刚肠疾恶，轻肆直言，遇事便发，此

---

[1]《世说新语·栖逸》第3则。

第二章 妆容风尚与峻直人格

甚不可二也。[1]

前面的七则，都并不是生理上的障碍或者不可克服的问题，无非是一些心情上的小问题，嵇康列举于此，已经有调笑的味道了。而后面的两则"甚不可"，嵇康认为是自己最不能出仕的理由。其一是自己主张的观念与时代所强调的风尚不一，其二是自己的性格过于刚烈火爆。嵇康心口如一，觉得不对就是不对，他不任诞，所以不像阮籍，觉得不对，又没有胆量说出来；他也能与现实相应，不像刘伶，只有在醉酒的状态下才能找到真实的自己。嵇康不需要假借任何掩饰的行为与物质，这两个"不堪"或许并不是嵇康一定挑战什么或反对什么，只是作为一个要断绝被举荐出仕的人，指出的自己两个最大的问题。嵇康在生活中严谨而有原则，他能管得住自己，所以他自我嘲讽自己的思想不适合、性格也不适合出仕，他对自己性格方面的弱点总是在不断发现并自我检讨，所以他对阮籍"口不臧否人过"非常向往，尽管在别人看来，他其实已经做得很不错了：

王戎云："与嵇康居二十年，未尝见其喜愠之色。"
康性含垢藏瑕，爱恶不争于怀，喜怒不寄于颜。所知王浚冲在襄城，面数百，未尝见其疾声朱颜。此亦方中之美范，人伦之胜业也。（刘孝标注引《康别传》）[2]

嵇康被杀后，王戎经常因日常生活之事追忆嵇康，对嵇康

---

[1]（三国·魏）嵇康：《嵇康集校注》，戴明扬校注，中华书局2015年版，第179~180页。

[2]《世说新语·德行》第16则。

魏晋名士的风尚与规约

的人格尤为崇拜。在王戎眼里,嵇康傲气而又谨慎。从这个意义上言,嵇康知道自己骨子里过于清峻了,也有不对的地方,但是,他就是过于"傲散",改变的尚且不够。

嵇康不赞成兄长嵇喜的人生观,将这种不赞成与对兄长的不舍与依恋相融合;嵇康不喜欢钟会作为名公子的气势,不想搭理又忍不住挖苦几句;嵇康不想被推荐出仕,于是自带嘲讽地将自己的理由列了出来。这样一个心口如一之人,将自己清峻的性格毫无掩饰地暴露了出来,这一切,并不意味他就认为自己这样做是对的。

嵇康不崇拜圣贤,他自己也非圣贤,他有自己的问题。他的清峻之志并不是一无是处,他过于注重率真,过于峻直,没有任何棱角弧度,但这就是他的人生理想。骨子里,他其实并不旷达,他时刻都在警惕自己的人生理想不被他者的规则破坏。

作为名士的嵇康,与中朝名士、过江后东晋名士不同,他会反省自己的言行,内敛而自省,时刻检讨自己,这与中朝名士为了赢得一时名气而不断彰显自己的行为、唯恐放大得不够、造成的影响不足有本质的不同。嵇康承认自己不够旷达包容,过于率直火爆,这与后来夸张的追慕者"散发裸身"以示旷达的做派又完全不同,与王徽之一面时不时展示自己的旷达,一面又毫无约束地容许自己偷盗亲戚家的东西也不一样。他的清峻不是因为他面对别人时"刚肠嫉恶"的态度,而是对自己也有时刻检讨与反省的严格态度。

刘勰《文心雕龙·明诗》评价嵇康的诗歌称"嵇志清峻",[1]其实这也是嵇康这个人的性格特征与人格魅力,嵇康

---

[1](南朝·宋)刘勰:《文心雕龙注释》,周振甫注,人民文学出版社1981年版,第49页。

之清，是不掺杂刻意的精神风貌，是主动坚持自己人生原则的行为方式；嵇康之峻，是独立而直率的处事方式，是他面对他人、面对自己的要求与态度。正如嵇康自己对自己的反省一样，清峻并不都是优点，但，他要坚持。

第三章 任诞风尚与适时逍遥

第一节 禁酒与酒礼

"正始名士服药,竹林名士饮酒",[1]归根到底是表达人生的态度。而酒与药在文化意蕴方面又有不同,酒在中国文化中具有特殊的地位与意义,既是德与礼的化身,又是社会中消极避世的行为寄托。

有关酒,人们接受的切入点不同,态度也不同。有的认为酒可至祸,不宜多饮;有的认为酒蕴礼,是社会秩序的代言,日常生活不应脱离酒,酒器之礼、饮酒之礼、祭酒之礼随时都能作为重要的教化内容,以正风俗;有的认为饮酒可以解忧;有的认为饮酒可至乐。随着这些理解的侧重点不同,历代禁酒的实质也不同。

"绝旨酒"实际上是通过对自己的要求,发出一种理想的引导作用,希望在饮酒方面能引导人们做到克制而不为之诱惑,虽然不用强制禁令的方式,最终目的却意指禁酒。

---

[1] "魏晋风度及文章与药及酒之关系",载《鲁迅全集》(第3卷·而已集),人民文学出版社2005年版,第532页。

第三章　任诞风尚与适时逍遥

《尚书·酒诰》是康叔将就任卫国时周公颁布的"戒酒令",明确提出必须严厉禁止饮酒过度:"文王诰教小子有正有事:无彝酒;越庶国:饮惟祀,德将无醉。"周代饮酒有一定规范,各级诸侯国国君以及任职官员都不可以经常饮酒,只有祭祀时才可饮酒。即便如此,祭祀时也需要道德约束而不能喝醉,因为"天降威,我民用大乱丧德,亦罔非酒惟行;越小大邦用丧,亦罔非酒惟辜"。"庶群自酒,腥闻于上,故天将丧于殷",饮酒能够让人丧失道德,作乱犯上,从而导致国家的灭亡,故而,必须规定"祀兹酒"。这是较早的用禁令形式对饮酒行为的规范,其中有一些非常严厉的强制方式,如对于聚众饮酒而不节制的,刑至"杀"。"群饮,汝勿佚,尽执拘以归之周,予其杀。"就是强调"择罪重者杀之"。对于执法不力,不能充分实施这一法令的,重者也要见杀。"乃不用我教辞,惟我一人弗恤,弗蠲乃是,时同于杀。"足见此禁之严厉。另一方面,虽则严厉,其中也有不禁的特例,如一再强调的祭祀场合,敬君王、父母等,都不受禁酒限制。[1]

显然,《酒诰》将饮酒与礼相结合,逐步形成了"酒中蕴礼"的认知,将以"礼"的方式进行的饮酒与以坏"礼"的形式进行的饮酒进行了区分。《酒诰》真正想制止的其实是"群饮",也即没有合理理由且过于不羁的坏"礼"式饮酒。而在具体的执行过程中,则采用先讲酒"礼"再抑酒坏"礼"的形式进行,周在不同的时期采用的禁酒令严格程度不一样,顾炎武认为或"重"或"轻",是由于礼先刑后:

---

[1] 参见李学勤主编:《尚书正义》,北京大学出版社1999年版,第372~383页。

先王之于酒也，礼以先之，刑以后之。《周书·酒诰》："厥或告曰：'群饮。'汝勿佚，尽执拘以归于周，予其杀！"此刑乱国用重典也。《周官·萍氏》："几酒谨酒。"而《司虣》"禁以属游饮食于市者。若不可禁，则搏而戮之"，此刑平国用中典也。"一献之礼，宾主百拜，终日饮酒而不得醉焉"，则未及乎刑而坊之以礼也。故成、康以下，天子无甘酒之失，卿士无酗歌之愆。至于幽王，而"天不湎尔"之诗始作，其教严矣。[1]

对于饮酒"至乱"还是"蕴礼"，后世对禁酒和反对禁酒各有所持重。《礼记·射义》："酒者，所以养老也，所以养病也。"即便射礼中因射中以辞爵，也是"辞让见养老也"。[2]即便在"群饮"方面，若能持有合理的理由，也会被赋予合理地位。《史记·赵世家》载惠文王三年（公元前296年），灭中山还归，"行赏，大赦，置酒酺五日"。五日也成为后来举国饮庆的规例，汉文帝初即位，大赦天下，赐民"酺五日"。裴骃集解："文颖曰：'汉律三人已上无故群饮，罚金四两。'今诏横赐得令会聚饮食五日。"司马贞索隐："《说文》云：'酺，王者布德，大饮酒也。'出钱为醵，出食为酺。"[3]汉代的律法，三个人以上聚在一起没有任何理由饮酒，则属于违法，要施以惩罚。但是由于"王者布德"，这是举行举国之

---

[1]（清）顾炎武：《日知录集释》，黄汝成集释，栾保群、吕宗力校点，上海古籍出版社2014年版，第631~632页。

[2]（清）孙希旦：《礼记集解》，沈啸寰、王星贤点校，中华书局1989年版，第1449页。

[3]（汉）司马迁：《史记》卷十，（南朝·宋）裴骃集解，（唐）司马贞索隐，（唐）张守节正义，中华书局1959年版，第417页。

饮的充分理由，其后汉代帝王多效法汉文帝。西汉景帝、武帝、昭帝，东汉孝明帝、孝章帝、孝殇帝都曾在国内大赦或轻税减赋，赐民"大酺五日"。西晋武帝、惠帝、成帝、简文帝等也曾效法。[1]这种有充分理由的举国欢饮只有五天的时间，其他时间仍予以禁止。

为了推行与酒相关的各类政令，朝廷也设有相应的官职。《文献通考》："良酝署令、丞，于《周官》有酒正中士、下士，掌酒之政令。后汉汤官丞主酒，属少府。晋有酒丞一人。"[2]这就在政令规约的同时，充分保障了禁酒政令的执行。然而，在律令礼法与司法保障方面予以规约，也并不意味着执行就有成效。汉代自上而下对群饮并未彻底禁止，执行也并不见得一定严格。人称萧规曹随，但曹参就不遵守这一律令的要求，以酣饮为政。顾炎武评论之："萧何造律，三人以上无故群饮酒罚金四两。曹参代之，自谓遵其约束，乃园中闻吏醉歌呼而亦取酒张饮，与相应和。是并其画一之法而亡之也。"[3]

除禁酒律令以外，还通过市场规范来限制饮酒。汉武帝天汉三年（公元前98年）"初榷酒酤"，实施酒类专卖的政令。颜师古注引韦昭："谓禁民酤酿，独官开置，如道路设木为榷，独

---

[1]《汉书·卷五·景帝纪》载后元元年："夏，大酺五日，民得酤酒。"《汉书·卷六·武帝纪》载元光二年："秋九月，令民大酺五日。"《汉书·卷七·昭帝纪》载元凤四年："令天下酺五日"《汉书·卷八·宣帝纪》载五凤三年："大酺五日。"

[2]（元）马端临：《文献通考》，中华书局1986年版，第500页。

[3]（清）顾炎武：《日知录集释》，黄汝成集释，栾保群、吕宗力校点，上海古籍出版社2014年版，第632页。

取利也。"[1]这一政令的主要目的在于通过专卖的方式，一方面增强国库财力，一方面也通过管控，"市列榷酒之官"，禁民间私酿私买，通过国家政令的方式直接对酒的生产权限与销售过程进行控制，目的在于制止过度饮酒。但从实施的效果上看，仍然只是起到了部分禁止的作用。正如应劭所言，"县官自榷卖酒，小民不复得酤"，[2]结果禁止的不是"群饮"形式，而是针对不同社会地位的人形成的差异。汉昭帝始元六年（公元前81年），又"诏罢榷酤官"，"令民得以律占租，卖酒升四钱"，在明确规定征收租赁费用的前提下，允许民间进行酒的买卖。一方面，考实明确，以避免"律外而取"；另一方面，"以所得利占而输其租矣"，"限民不得厚利"，也避免了从中谋取暴利。[3]

禁酒的原因，无非有两个层面：其一是从客观物质的层面"惜谷"，其二是从道德层面诫乱政亡国。因征战或天灾而导致物质匮乏，不得不实施时效性禁酒。酿酒的原料是粮食，客观上粮食的储备出现危机，禁酒便成了自然而然的应对举措。史载汉桓帝永兴二年（公元154年），因为自然灾害，"禁郡国不得卖酒，祠祀裁足"。《三国志》卷七裴松之注引《九州春秋》言，吕布曾在军中禁酒，其将侯成"酿五六斛酒，猎得十余头猪"，奉邀吕布共饮，吕布大怒斥之，"成大惧而去，弃所酿酒"。[4]晋安帝隆安五年（公元401年），孙恩先后攻

---

[1]（汉）班固：《汉书》卷六，（唐）颜师古注，中华书局1962年版，第204页。
[2]（宋）李昉等：《太平御览》卷八二八，中华书局1960年版，第3690页。
[3]（元）马端临：《文献通考》卷十七，中华书局1986年版，第167页。
[4]（晋）陈寿：《三国志》卷七，（晋）裴松之注，陈乃乾校点，中华书局1959年版，第228页。

第三章　任诞风尚与适时逍遥

浃口、海盐，甚至图取建康，战事多年连发，于是"是岁，饥，禁酒"。[1]石勒推行禁酒也与此相似："以百姓始复业，资储未丰，于是重制禁酿，郊祀宗庙皆以醴酒，行之数年，无复酿者。"[2]另一方面，也有因戒败德废政而对酒存有戒备的。《魏书》载高允被应敕"论集往世酒之败德，以为《酒训》"，孝文帝"览而悦之，常置左右"。[3]

因"惜谷"而禁酒往往是客观所致，随着暂时的困境有所缓解，便又逐步宽禁。因道德"乱政"而进行的禁酒形式，便没有时效的限制，因与"酒蕴礼"不一致，极易引发社会讨论。倘若借着"酒可亡国"之名，求"惜谷"之实，其推行力度可想而知。曹操禁酒就是如此，孔融连作《难曹公表制酒禁书》《再难曹公表制禁酒书》诘难，直接以"酒蕴礼"作为反对依据："酒之为德久矣。古先哲王，类帝禋宗，和神定人，以济万国。非酒莫以也。故天垂酒星之耀，地列酒泉之郡，人着旨酒之德，尧非千钟，无以建太平。"并得出了"由是观之，酒何负于政哉"的结论。由此出发，再来讽刺虽然禁酒，但实际上"亡国"与酒没有关系，酒只是一个"背锅"者，就如同褒姒、妲己为夏、商的亡乱"背锅"一样，"今令不断婚姻"，又何来禁酒的理由，所以有禁酒，根本上就是"疑但惜谷耳，非以亡王为戒也"。[4]

孔融在文中反对禁酒，颇有强词夺理的意味。一般认为，

---

[1]　（唐）房玄龄等：《晋书》卷十，中华书局1974年版，第254页。
[2]　（唐）房玄龄等：《晋书》卷一百五，中华书局1974年版，第2739页。
[3]　（北齐）魏收：《魏书》卷四十八，中华书局1974年版，第1088页。
[4]　《全后汉文》卷八十三，见（清）严可均校辑：《全上古三代秦汉三国六朝文》，中华书局1958年版，第922~923页。

《难曹公表制酒禁书》《再难曹公表制禁酒书》是孔融"杂以嘲戏"的代表文章。孔融嗜酒,担任太中大夫时,与满座高朋觥筹交错,曾有"坐上客常满,樽中酒不空,吾无忧矣"之叹,可见,他并不认为饮酒就是单纯几个人坐在一起喝酒,而是与对国家的责任、人身的追求联系在一起的理想生活状态。孔融也曾有诗:"归家酒债多,门客粲几行。高谈惊四座,一夕倾千觞。"即便欠债累累,也要与人高谈倾觞。此谈,不是后来的饮酒空谈、漫无边际,而是对国家事务与实事的关注情怀。正因为如此,他才要力争"酒之为德久矣",不能缺失。他坚决反对禁酒,不见得就是简单地"杂以嘲戏",专门与曹操唱对台戏,而是表达了自己对蕴含在其中的自古而始的酒礼文化的积极认同,这是文化经年累计后沉淀而成的思想观念,也是牢固地嵌入魏晋饮酒名士心中的饮酒传统,这一传统的日渐消弭,意味着酒礼文化的消亡。

当时的名士,与孔融持相同观念者不在少数。故而曹操的禁酒,实际效果并不大:

> 魏国初建,(邈)为尚书郎。时科禁酒,而邈私饮至于沈醉。校事赵达问以曹事,邈曰:"中圣人。"达白之太祖,太祖甚怒。度辽将军鲜于辅进曰:"平日醉客谓酒清者为圣人,浊者为贤人,邈性修慎,偶醉言耳。"竟坐得免刑。[1]

这是当时禁酒的实际状况,其实仅仅是流于不提"酒"字不提酒事罢了,该喝的还是喝。徐邈不但喝了,还喝醉了;

---

[1](晋)陈寿:《三国志》卷二十七,(晋)裴松之注,陈乃乾校点,中华书局1959年版,第739页。

不但喝醉了，还影响了正常的政务督查。典型的饮酒废职，却也可免刑。鲜于辅的回答也直接承认大家平日里喝醉也不是什么大事，偶然一两次无关要紧。从曹操方面看，允许免刑，其实是对"清圣浊贤"说法的默然认同。曹操手下的谋士们以一种非常幽默的方式"遵循"禁酒令、又游弋于禁令之外。这不妨是既保证了政令执行，又能保证酒礼接续的两全其美之策。

曹操禁酒的目的以"节约"为主，而不是以"杜绝"为意。虽然找到的理由与周公禁酒不二，但禁酒的实际目的，却与周公迥异。这也是为什么曹操一方面认为"惜谷"的目的可以与周公相似，一方面却在尚有"谷"存的前提下，任由邺下诸人宴集悠游，酒酣则文。曹操自己也曾有"何以解忧，唯有杜康"之慷慨悲叹，其实也是充分认可了酒所蕴含的文化特征。他与孔融对酒的看法的区别在于，孔融为了达到纯粹求酒礼的理想状态而求无以酒乱政的理想状态，曹操为了实际需要而迂余曲折地接近理想状态罢了。所以，魏晋时期的酒禁，大多倾向于短暂而实际。

当时蜀国也禁酒，效果同样微乎其微。

时天旱禁酒，酿者有刑，吏于人家索得酿具，论者欲令与作酒者同罚。雍与先主游观，见一男女行道，谓先主曰："彼人欲行淫，何以不缚？"先主曰："卿何以知之？"雍对曰："彼有其具，与欲酿者同。"先主大笑，而原欲酿者。雍之滑稽，皆此类也。[1]

---

[1]（晋）陈寿：《三国志》卷三十八，（晋）裴松之注，陈乃乾校点，中华书局1959年版，第971页。

魏晋名士的风尚与规约

这些具有实效作用的禁酒，都没有执行力度，曹操的号召式禁酒，刘备的刑令式禁酒，包括孙权因张昭之论而"罢酒"，也都并未在士人中形成思想认同。降至魏晋，人们对酒的精神层面的认知并未因政令的颁布或实施而有所改变。

《世说新语》专门记载了两对孩子喝酒的故事：

孔文举有二子，大者六岁，小者五岁。昼日父眠，小者床头盗酒饮之。大儿谓曰："何以不拜？"答曰："偷，那得行礼！"

钟毓兄弟小时，值父昼寝，因共偷服药酒。其父时觉，且托寐以观之。毓拜而后饮，会饮而不拜。既而问毓何以拜，毓曰："酒以成礼，不敢不拜。"又问会何以不拜，会曰："偷本非礼，所以不拜。"[1]

处于同一篇目，所载事相类似而嫁接于不同的主人公，说明酒与礼确实是魏晋时期普遍关注的问题之一。其中有一则专门与孔融之子有关，暗示人们对孔融难酒令的认同与推崇。两对孩子之间的巧妙问答，一方面极力刻画了魏晋早慧名士的言语之妙，另一方面则强调了酒与祭祀礼仪不可割裂的关系，也即礼的一种外显形式。看起来是为记载小儿饮酒，其实为深谙饮酒内涵的成人世界里的一场论礼。在这种认同心理与文化的前提下，魏晋名士以自己特殊的形式饮酒，并寻求酒中之礼。

魏晋名士在选择饮酒的对象、饮酒的方式以及对饮酒的主观体悟方面，都有能体现出对酒所蕴含的意义的省思。竹林七贤便多以群饮的方式饮酒，除了自称天生"以酒为名"的刘伶，还有好饮酒的阮籍与以奇特形式饮酒的阮咸。

---

[1]《世说新语·言语》第4、12则。

第三章 任诞风尚与适时逍遥

陈留阮籍、谯国嵇康、河内山涛三人年皆相比,康年少亚之。预此契者,沛国刘伶,陈留阮咸,河内向秀,琅琊王戎。七人常集于竹林之下,肆意酣畅,故世谓"竹林七贤"。

诸阮皆能饮酒,仲容至宗人间共集,不复用常杯斟酌,以大瓮盛酒,围坐,相向大酌。时有群猪来饮,直接去上,便共饮之。[1]

这种饮酒形式,不但发展为纵酒,还进一步突破了对"群饮"的限制,饮则"肆意酣畅",甚至与"群猪"共饮,貌似对饮酒的形式以及与谁饮酒都不选择。事实上,竹林名士对饮酒的形式与对象看得极为重要,从阮籍与王戎饮酒尤能见出:

嵇、阮、山、刘在竹林酣饮,王戎后往。步兵曰:"俗物已复来败人意!"王笑曰:"卿辈意,亦复可败邪?"[2]

王戎弱冠诣阮籍,时刘公荣在坐。阮谓王曰:"偶有二斗美酒,当与君共饮,彼公荣者,无预焉。"二人交觞酬酢,公荣遂不得一杯,而言语谈戏,三人无异。或有问之者,阮答曰:"胜公荣者,不得不与饮酒;不如公荣者,不可不与饮酒;唯公荣,可不与饮酒。"[3]

早慧的王戎作为王氏成员中的重要人物,因家风熏染以及个人因素,虽参与竹林之游,但性格与处事仍有世俗的一面,由其入晋后仕途显达后贪鄙吝啬便可见出。故而,阮籍"骂"

---

[1]《世说新语·任诞》第1、12则。
[2]《世说新语·排调》第4则。
[3]《世说新语·简傲》第2则。

王戎是"俗物",他与嵇康、阮籍、刘伶相比,还是旷达不如,其"败人意"的原因也在此。"俗物"归"俗物",阮籍并不拒绝与王戎一起交游饮酒。至于经常不区分饮酒对象,与任何人都饮酒甚欢的刘公荣,阮籍便开始坚持原则,一滴酒也不给喝了。在阮籍看来,与谁饮酒其实是一个原则问题,如王戎这样的人,纵然够不上完美,但所存有的问题并非原则性的,这种人是可共饮酒的,但是有些人,就是不能破坏底线,共为酣畅之举。

与谁共饮,以怎样的形式饮酒,反映的是对某种规则的坚守。这种规则可以是禁酒的法律,也可以是酒礼的规约,更可以是个人的原则。阮咸等不介意与群猪共饮,不用常杯斟酌,从普通的饮酒礼仪而言,似乎令人匪夷所思甚至发笑。换一个角度,人们是处于怎样的规则才认为人不可以与猪共饮,无非就是因礼与秩序的原因。人类认为自己更文明,自持高于其他之上,有秩序地饮酒则会进一步促进社会的层级性与有序。但倘若社会的秩序被打乱,失掉礼与秩序,则饮酒本身是否遵守秩序的意义也就会发生变化。人与其他生物之间便没有了区别,是否是群饮、是否是有特定涵义的饮酒、由谁来组织饮酒的过程、与谁饮酒等问题都会失掉被赋予的意义。

倘若通过礼来区分人与人之间的关系,则诛桀纣而不弑君。故而《孟子·梁惠王》言:"贼仁者谓之贼,贼义者谓之残,残贼之人谓之一夫。闻诛一夫纣矣,未闻弑君也。"[1]由此而推及,区别人与人之间秩序的礼都不存在,又怎能区别人与物?群饮的对象是人或家畜失掉了区别的可能,选择人与选

---

[1] (清)焦循:《孟子正义》,沈文倬点校,中华书局1987年版,第145页。

择猪共饮也就没有任何意义了。与其他生物的区别没有了，与群猪共饮和与无礼之人共饮，又有多少区别？或许群猪更合适，因为群猪至少不会借礼之名行非礼之事。既然借礼之名行非礼之事的人都有资格与人饮酒，则群猪又为何没有资格与人饮酒？

阮咸等人的行为看起来荒诞不经，实际上却是经过更为冷静思考的行为选择，"以大瓮盛酒，围坐相向大酌"的方式，看起来是没有原则的纵酒滥饮，实则为更有内在原则和底线的坚持。从这个意义上看，刘公荣逢人便与之饮酒，不管此人与自己相比究竟高下相若几何，其实就是典型的没有原则。在这样的前提下，即便重视通过怎样的先后次序饮酒、用怎样的器具饮酒、饮酒过程的酬酢敬答便失去了意义。与最起码的饮酒原则都没有的人饮酒，阮籍自然不会。

基于酒礼和酒仪的饮酒，是出于对共有秩序或者他人秩序的遵循；个体选择与谁饮酒不与谁饮酒，以怎样的方式饮酒，则是个体原则的遵循。魏晋名士非常看重后者，却并不因个体政治地位或社会地位的高低而进行选择。

王恭欲请江庐奴为长史，晨往诣江，江犹在帐中。王坐，不敢即言，良久乃得及。江不应，直唤人取酒，自饮一碗，又不与王。王且笑且言："那得独饮？"江曰："卿亦复须邪？"更使酌与王，王饮酒毕，因得自解去。未出户，江叹曰："人自量，固为难！"[1]

是否邀请王恭共饮酒，不决定于其地位，而是决定于其

---

[1]《世说新语·方正》第63则。

"自量"的行为。正因为有这样的认识前提，倘若没有合适的饮酒对象，宁可独自酣享，也不会在精神上孤独：

> 阮宣子常步行，以百钱挂杖头。至酒店，便独酣畅。虽当世贵盛，不肯诣也。[1]

酒对于魏晋名士，是一种个体的规则，与谁饮酒，饮酒的方式、饮酒的主观感觉，都有底线与准则。虽然与因社会公约而提倡或规定的酒礼与酒仪并不一致，却是名士们用生命体悟并维护的个体精神与人生规则。

第二节 "病酒"与解忧

商周时期，酒已经在日常生活中较为普遍，除了《尚书》中的《酒诰》，《诗经》中也有很多关于酒的叙写：《周南·卷耳》用"我姑酌彼金罍，维以不永怀""我姑酌彼兕觥，维以不永伤"描写以酒消愁解忧；《豳风·七月》中有"八月剥枣，十月获稻。为此春酒，以介眉寿"，描写通过以酒祝福人；《大雅·荡》通过文王之口指责即将亡政的末代商王："天不湎尔以酒，不义从式。既愆尔止，靡明靡晦。式号式呼，俾昼作夜"；《鲁颂·泮水》中有"鲁侯戾止，在泮饮酒。既饮旨酒，永锡难老"，描绘出了以酒设宴庆贺的场景。其后诗文中有关酒的更不胜枚举。

《吕氏春秋》有"仪狄造酒"的记载，《战国策》也有禹"绝旨酒"的说法："帝女令仪狄作酒而美，进之禹，禹饮而甘

---

[1]《世说新语·任诞》第18则。

之，遂疏仪狄，绝旨酒，曰：'后世必有以酒亡其国者。'"[1]《世本》以为仪狄只是做了前期的探索，真正发明酒的人当是少康："仪狄始作酒醪，变五味。少康作秫酒。"[2]秫是高粱的一种，秫酒就是以秫为原料酿成的酒。民间有"杜康造酒刘伶醉，一醉醉三年"的说法，能与杜康在酒的方面相并论的，唯有"醉侯"刘伶（皮日休《夏景冲淡偶然作》之二）。杜康与酒的关系在于创造，而刘伶与酒的关系则在饮酒的态度。

刘伶与何晏、夏侯玄、王弼、嵇康、卫玠等玉树临风、姿容卓越不同。《世说新语》记载其容貌：

刘伶身长六尺，貌甚丑悴，而悠悠忽忽，土木形骸。[3]

刘伶的个子不高。《论语·泰伯》引曾子曰："可以托六尺之孤，可以寄百里之命，临大节而不可夺也，君子人与？君子人也。"邢昺引郑玄注："六尺之孤，年十五已下。"又认为郑玄将六尺解释为年十五，因"以《周礼·乡大夫职》云：'国中自七尺，以及六十；野自六尺，以及六十有五，皆征之。'以其国中七尺为二十，对六十，野云六尺，对六十五，晚校五年，明知六尺与七尺早校五年，故以六尺为十五也"。[4]七尺意指成年，六尺意指尚未成年，尚未达到任职资格，故而身高与年龄相对应。杨伯峻《论语译注》："古代尺短，六尺约合今日一百三十八厘米（1.38米），市尺四尺一寸四分。身

---

[1]　（西汉）刘向集录：《战国策笺证》，范祥雍笺证，范邦瑾协校，上海古籍出版社2006年版，第1353页。
[2]　（宋）李昉等：《太平御览》卷八四三，中华书局1960年版，第3766页。
[3]　《世说新语·容止》第13则。
[4]　参见李学勤主编：《论语注疏》，北京大学出版社2000年版，第115页。

魏晋名士的风尚与规约

长六尺的人还是小孩,一般指十五岁以下的人。"[1]刘伶身长六尺,其实意指身高相当于一个普遍情况下未成年、尚不能独立的孩子的身高。

个头矮则矣,刘伶"颜值"也不高,"容貌甚陋",很瘦很黑、看上去一点精神也没有,所以是"丑悴",其实就是给人邋邋遢遢、昏昏欲睡、迷迷糊糊的感觉。史载他曾与人争执,便以瘦"自嘲":"尝醉与俗人相忤,其人攘袂奋拳而往。伶徐曰:'鸡肋不足以安尊拳。'其人笑而止。"[2]

身高容貌属于天生,无法因本人的意愿而改变,而在这些客观不足以外,刘伶又"悠悠忽忽",整天处于无所事事、混日子的状态,东瞧西看,不确定打算要做什么,以什么方式为正经事业。除了这些,刘伶还不注意收拾自己,一副灰头土脸的样子,"土木形骸"。

刘伶就这样以矮、丑、黑、瘦,整日没精打采、不修边幅、到处晃荡无所事事的"丑"状入《世说新语·容止》,形成了"鸡"立"鹤"群之势。越是这样,越是让人们对他何以成为名士倍加关注。

刘伶的名气主要在饮酒方面。其他名士并不是不饮酒,但饮酒之外,还有品德、言行、出仕、文章等其他的名士"标签",唯有刘伶,除了以酒为名外,别无盛名。刘伶曾任建威将军参军,泰始初年极言"无为之化",别人都得提拔升迁,唯有他被以"无用"罢免。更为重要的是,任何时候见到刘伶,他总在饮酒,仿佛他的生命就定格在无休无止的饮酒中。

---

[1]《论语译注》(简体字本),杨伯峻译注,中华书局2006年版,第115页。
[2](唐)房玄龄等:《晋书》卷四十九,中华书局1974年版,第1376页。

第三章　任诞风尚与适时逍遥

《世说新语·文学》刘孝标注引《名士传》：

伶字伯伦，沛郡人。肆意放荡，以宇宙为狭。常乘鹿车，携一壶酒，使人荷锸随之，云："死便掘地以埋。"土木形骸，遂游一世。〔1〕

虽然当时的酒与现在的酒在使用原料、酿造方式等方面不同，酿成后浓度也不能与现在的白酒相比，但刘伶因为饮用过多，还是常处于醉酒状态。在生活中，他也无所顾忌、毫不犹豫地选择饮酒：

刘伶病酒，渴甚，从妇求酒。妇捐酒毁器，涕泣谏曰："君饮太过，非摄生之道，必宜断之！"伶曰："甚善。我不能自禁，唯当祝鬼神，自誓断之耳！便可具酒肉。"妇曰："敬闻命。"供酒肉于神前，请伶祝誓。伶跪而祝曰："天生刘伶，以酒为名，一饮一斛，五斗解酲。妇人之言，慎不可听。"便引酒进肉，隗然已醉矣。〔2〕

刘伶"病酒"，从某种角度而言就是不能控制自己。对于刘伶而言，酒是他成为名士最为核心的因素。唯有通过酒，他才能表达对世界最真实的看法，才能达到真正的理想世界。刘伶在生命与饮酒之间，选择了饮酒。故而关于他的"死便掘地以埋"，苏轼评价：

刘伯伦常以锸自随，曰："死即埋我。"苏子曰，伯伦非达

---

〔1〕《世说新语·文学》第69则。
〔2〕《世说新语·任诞》第3则。

者也，棺椁衣衾，不害为达。苟为不然，死则已矣，何必更埋！[1]

苏轼以调侃的口气，认为刘伶"非达者"，因为一般的情况下，人们对"棺椁衣衾"等并不是完全不要求，而是以追求适度为宜，不能因为这些方面的追求就有"害"于他人。而既然刘伶强调"死即埋我"，足见他有意置"棺椁衣衾"于无所用，根本就不追求、不需要。苏轼认为倘若真要求"达"，这样还不够彻底，真正的"达者"应该连"埋"的过程都可以省掉了。苏轼也以相似的观点评价陶渊明，认为陶渊明虽用无弦之琴，而有琴终为一累，尚不可称为真"达者"。无论评价刘伶还是陶渊明，苏轼明显有借二人以追求真"达"的意味，表面是批评不足，实际上却是对刘伶和陶渊明行为本意的进一步阐释。

苏轼通过论刘伶"非达者"表达对其放达的崇慕，但苏轼并不"病"于"酒"。苏轼有诗《小儿》："小儿不识愁，起坐牵我衣。我欲嗔小儿，老妻劝儿痴。儿痴君更甚，不乐愁何为。还坐愧此言，洗盏当我前。大胜刘伶妇，区区为酒钱。"借刘伶的家事专门夸赞了自己的妻子。苏轼妻在丈夫要批评孩子时及时进行制止，并借小孩"痴"批评了丈夫无端的愁绪，"儿痴君更甚，不乐愁何为"，批评完后又心生悔意，自觉未能体量丈夫，于是"洗盏当我前"以表示歉意。刘伶妻谏戒刘伶的态度从一开始就非常诚恳，"捐酒毁器，涕泣谏"，理由也很充分，饮酒过量"非摄生之道"，听说丈夫也有禁酒的意

---

[1]（宋）苏轼：《东坡志林》卷四，王松龄点校，中华书局1981年版，第91页。

思，便称"敬闻命"并迅速置办，足见得知丈夫有戒酒的想法时心情颇为欢愉。再看苏轼对妻子的态度，因为妻子有歉意，所以苏轼也表示确实可以理解，认为自己妻子的做法总比刘伶妻子的所言所行更为得当。而刘伶则以"食言"的方式解决，还称"天生刘伶，以酒为名""妇人之言，慎不可听"。对比之间，苏轼的饮酒生活化的成分更多，在饮酒的过程中有对孩子的情感、有夫妻之间的彼此体量、有对生活的反思。对于"病酒"的刘伶，这一切似乎都不存在，妻子因他戒酒付出的苦心和所做的努力他似乎未能看到，抑或有意视而不见。

　　刘伶肆意放达的饮酒与生活琐事和人情冷暖如此遥远，以至于这种饮酒的形式已经脱离了生活，成了一种理想的超脱形式。也唯有这种形式，才能实现一个人与理想的自我的对话。《世说新语·赏誉》第8则记载，竹林七贤中，其他人的儿子都才高隽永，如山涛子简、阮籍子浑、嵇康子绍、阮咸子瞻，都是一些非常优秀的人，尤其王戎子万子"有大成之风，苗而不秀"，虽然太过肥胖，但也有美称。诸人中"唯伶子无闻"，或许是因为刘伶经常过度饮酒导致的后果，也有可能是已经"病酒"的刘伶根本未曾考虑过要向谁展示孩子的智慧与才能。父为名士，子不早慧以致竟"无闻"，在一个随时都酝酿着因评品而扬名的时代，尤为特殊。《晋书》本传称刘伶"初不以家产有无介意"，对孩子的有名与否，他也许也能放得下。他唯一不能放下的是饮酒，胜于生命、胜于声誉、胜于生活，这便是世人眼中"病酒"的状态。

　　刘伶"虽陶兀昏放，而机应不差"，只是"未尝厝意文翰"。刘伶现存有《酒德颂》，里面塑造有一个以酒为业的大人先生：

魏晋名士的风尚与规约

有大人先生,以天地为一朝,万期为须臾,日月为扃牖,八荒为庭衢。行无辙迹,居无室庐,幕天席地,纵意所如。止则操卮执觚,动则挈榼提壶,唯酒是务,焉知其余。有贵介公子、搢绅处士,闻吾风声,议其所以,乃奋袂攘襟,怒目切齿,陈说礼法,是非锋起。先生于是方捧罂承槽,衔杯漱醪,奋髯踑踞,枕麹藉糟,无思无虑,其乐陶陶。兀然而醉,恍尔而醒,静听不闻雷霆之声,熟视不睹泰山之形。不觉寒暑之切肌,利欲之感情。俯观万物,扰扰焉如江海之载浮萍。二豪侍侧焉,如蜾蠃之与螟蛉。[1]

此处的"大人先生"醉酒的情形:"奋髯箕踞,枕麹藉糟,无思无虑,其乐陶陶","静听不闻雷霆之声,熟视不睹泰山之形。不觉寒暑之切肌,利欲之感情"。完全就是刘伶自己的精神世界,所有的生活壁垒与现实桎梏都会被一种精神上的状态打破,这个世界是属于刘伶自己的精神世界,刘伶是主宰这个精神世界的充满乾坤的"大人":

刘伶恒纵酒放达,或脱衣裸形在屋中,人见讥之。伶曰:"我以天地为栋宇,屋室为裈衣,诸君何为入我裈中!"[2]

刘伶的精神世界不欢迎以世俗的视角去审视,故而也不希望有特定的规矩去约束饮酒的方式与体悟,这颇能代表魏晋名士的饮酒方式和心态。或者说,竹林名士对待酒的基本态度和方式,在刘伶身上得到了集中体现甚至夸大。在饮酒方式上,

---

[1] (唐)房玄龄等:《晋书》卷四十九,中华书局1974年版,第1376页。
[2] 《世说新语·任诞》第6则。

竹林名士不如陶渊明那般放达清远，也不像杜甫那般细斟慢酌，他们饮酒的方式粗狂而放任，让精神世界中的所有能量都在这里充分绽放。这是建构于社会生活基础上却又渴望能超脱社会生活的精神家园，为了营造并守持其纯朴与真实，魏晋名士们希冀这里没有烦扰。但实际的生活中怎么可能没有烦扰？刘伶另有一首《北芒客舍》诗：

泱漭望舒隐，黮黕玄夜阴。
寒鸡思天曙，振翅吹长音。
蚑蚑归丰草，枯叶散萧林。
陈醴发悴颜，巴歈畅真心。
缊被终不晓，斯叹信难任。
何以除斯叹，付之与瑟琴。
长笛响中夕，闻此消胸襟。[1]

天亮之前，本有光亮却被遮住的月、期待天明意欲发出自然之声的鸡，枯寂的世界里，唯有酒让人可以肆意畅歌，伴以琴瑟长笛，倘若没有酒，就是难无尽的"不晓"与无可奈何的悲叹。如果说"大人先生"是饮酒后肆意任性的精神自由，《北芒客舍》就是在讨论何以饮酒的问题，饮酒是跨越现实与精神追求两个世界的界限，是力求精神世界纯粹的方式。

对于刘伶之"病酒"，《晋书》本传中有两句颇耐人寻味的话："时辈皆以高第得调，伶独以无用罢。竟以寿终。"[2]

---

[1]《晋诗》卷一，见逯钦立辑校：《先秦汉魏晋南北朝诗》，中华书局1983年版，第552页。

[2]（唐）房玄龄等：《晋书》卷四十九，中华书局1974年版，第1376页。

前一句讲刘伶之"无用",后一句讲刘伶之幸运,一个"竟"字,使得两句话有了巧妙而自然的因果关系。韦庄也称"伯伦嗜酒还因乱"(《将卜兰芷村居留别郡中在仕》),刘伶的饮酒与何晏所追求的"何氏庐"同样是一种本真的寄托。以饮酒的方式、以服药的方式从寻找寄托的本质上看并没有多少区别,都是希冀找到自由精神,选择服药、饮酒只是尝试用自己的规则与方式去尽可能突破一种既有的形式与约束的不同表达形式罢了。

颜延之称刘伶"韬精日沉饮,谁知非荒宴。颂酒虽短章,深衷自此见"(《五君咏》),已经指出了刘伶的醉酒并不是整日沉醉的"荒宴",有个人的"深衷",饮酒可放任不羁,醉酒后又可酣畅守真,醉酒才是真"我",清醒未必是真"我"。孟郊诗称"伯伦心不醉"(《百忧》),道出了刘伶选择"病酒"的实质所在。既然现实的世界里的那个"我"为俗所绊,那就将自由不羁的身心延至更为深邃与广袤的时空里,以精神自由的方式驰骋。不为固有的法则作为人天性的羁绊,正是刘伶因酒出名的原因,也是他启迪时人与后人的精神所在。

饮酒是魏晋名士的一种生活方式,是一种自然而又率真的行为与情感表达。不是不关注饮酒之乐,只是他们关注的不是一时的放纵嗜欲:

张季鹰纵任不拘,时人号为"江东步兵"。或谓之曰:"卿乃可纵适一时,独不为身后名邪?"答曰:"使我有身后名,不如即时一杯酒!"

毕茂世云:"一手持蟹螯,一手持酒杯,拍浮酒池中,便足了一生。"[1]

饮酒的真正乐趣在于对理想生活的追求与向往，而不是满足口感或者生理感觉上的快感，同为从饮酒中求乐，但二者具有不同的精神内涵。前者是一种需要耗费毕生精力去追求与呵护的至高境界，而后者则是瞬息即逝的一时放纵；前者是理想选择的结果，而后者则是一时沉溺的结果。

张翰和毕茂的饮酒方式看上去是一种任性而放纵的选择，实际上却经过了对人生的冷静思考与认真选择。张翰任司马冏东曹掾，对同郡顾荣评论时局称："天下纷纷，祸难未已。夫有四海之名者，求退良难。"然后，"因见秋风起，乃思吴中菰菜、莼羹、鲈鱼脍，曰：'人生贵得适志，何能羁宦数千里以要名爵乎！'遂命驾而归"，其后，"俄而冏败"。[2] 换一个视角，张翰之归，恰恰说明他是以严肃而认真的态度去对待"身后名"的。正因为持有更认真而严谨的态度，所以才能因为不稳定的局势而选择"求退"。在有些人看来，在"天下纷纷"的乱局中求得一时富贵便是"身后名"，在短暂的有生之年饮酒便是"纵适一时"，如同嘲笑刘伶的人眼界总也绕不开现世形体之囿一样，终究是重视了形体的存在，而忘却了人生中的精神价值的存在与坚守。"身后"究竟是止乎其身还是延及数百年甚至数千年？"纵适一时"究竟是放纵权力以邀富贵还是饮酒一杯酒以求适心？魏晋名士对现实有着冷静的观察与思考，对人生持有更为执着而认真的态度才会放弃在"便足了一生"的过程中追求久远的"身后名"。透过有限的、有形

---

[1]《世说新语·任诞》第20、21则。
[2]（唐）房玄龄等：《晋书》卷九十二，中华书局1974年版，第2384页。

的、生物的生命与时代，魏晋名士的精神理想延伸至更为广阔空间与时间，这种空间与时间的建构，需要醉酒的感觉。

　　王光禄云："酒，正使人人自远。"
　　王佛大叹言："三日不饮酒，觉形神不复相亲。"[1]

　　魏晋人见过太多的生命陨失，对生命的短暂深有体悟。张翰诗"荣与壮俱去，贱与老相寻"，就是在说魏晋人普遍的生命担忧。他们将对永恒的追求寄托于精神世界，期望通过对一个理想境界的守护来实现更为持久的人之精神的传递。酒能打通现实世界与理想世界间的隔阂，饮酒与服药都能让人产生特殊的奇幻感觉，从而接近理想的世界。酒与药风靡一时，而酒比药更为普遍。王恭言酒与名士的关联，称：

　　名士不必须奇才，但使常得无事，痛饮酒，熟读《离骚》，便可称名士。[2]

　　"痛饮酒，熟读《离骚》"，以放纵而任性的方式饮酒、以精神上兼怀家国天下的理想境界作文章，这是成为魏晋名士的两个最重要、最基本的条件，隔着字里行间便能透出名士们飘逸旷达而又不失人性关怀的境界，也能体悟出两种完全矛盾的人生选择。在酒酣时读《离骚》，除了知悟《离骚》的经典意义，还能领悟《离骚》对理想浪漫而又执着的追求，其中有对家国的眷恋、有以生命维护理想的良知与孜孜探索的精神，这是人精神中最为可贵、最值得长久保留的精神。熟读

---

　　[1]《世说新语·任诞》第35、52则。
　　[2]《世说新语·任诞》第53则。

《离骚》,胸怀家国天下,才能为理想而孜孜探索,才能在精神中存有一份天真烂漫的境界。"常得"有事则勠力而谋,"常得无事",则必须常以此为勉励。酒与《离骚》,承担着一个"无事"者对家国天下的观察与挂念。

魏晋名士通过对短暂人生中饮酒之"乐"的理解,委婉地表达着对家园将崩的深深忧虑与无奈。至"乐"理想倘若求而不得,便很容易化为借以解忧的寄托。魏晋名士饮酒的方式看上去有些颓废不羁,饮酒后又在行为上不加约束,但在精神世界中,这又是一个超出寻常的有秩序规约的世界。

魏晋名士饮酒时常会长醉不醒或以量识人。张华的《博物志》中便记载了一醉醉三年的奇事,[1]阮籍长醉不醒,也是追求时间长。山涛"至量而醉"、张华与人"共饮九酝酒"致使故人"酒果穿肠流"而亡,追求的是量。寄酒以现实功能,便能以更安全的形式追求理想。叶梦得认为:"晋人多饮酒,至于沉醉,未必真在乎酒。盖时方艰难,惟托于酒,可以疏远事故而已。传至刘伶之徒,遂欲全然用此,以为保身之计。"[2]借酒之乐,以为保身之计,这是酒在魏晋形成的独特作用。

寄酒以精神意蕴,借酒便可以解忧,寄托对这种有序的精神世界的向往。

----

[1]《博物志·杂说》:"昔刘玄石于中山酒家酤酒,酒家与千日酒,忘言其节度。归至家当醉,而家人不知,以为死也,权葬之。酒家计千日满,乃忆玄石前来酤酒,醉向醒耳。往视之,云玄石亡来三年,已葬。于是开棺,醉始醒。俗云:'玄石饮酒,一醉千日。'"参见(晋)张华:《博物志校证》,范宁校证,中华书局1980年版,第110页。

[2](宋)叶梦得:"石林诗话",参见(清)何文焕辑:《历代诗话》,中华书局1981年版,第434页。

> 王孝伯问王大："阮籍何如司马相如？"王大曰："阮籍胸中垒块，故须酒浇之。"〔1〕
>
> （顾荣）恒纵酒酣畅，谓友人张翰曰："惟酒可以忘忧，但无如作病何耳。"〔2〕

纵酒浇愁与有意识的纵酒嗜乐所表达的情绪并不相同，浇愁是让人的情绪由原有的偏失状态回归到常态，而嗜乐却是因为情绪的过分表达而趋于脱离常态。与司马相如相比，阮籍胸中郁积着不平之气，所以阮籍浇愁。纵酒解忧消愁并不是要真的通过酒来放纵自己，而是希冀通过酒找到一个在现实生活中失掉了的精神的有序世界。这样的纵酒虽然看上去与礼法相悖，却是一种更为间接的对酒礼的探寻。阮籍曾因酒求官，喝完酒提出辞职，似乎是因酒废职的一个典型。但我们能看出他对酒的另一种态度：

> 阮公邻家妇，有美色，当垆酤酒。阮与王安丰常从妇饮酒，阮醉，便眠其妇侧。夫始殊疑之，伺察，终无他意。〔3〕

美色与美酒，历来都被看作享乐荒诞、亡国废职的祸根。阮籍对二者表示了好奇与向往，但同时也表达了与普遍认知迥然不同的精神理想。他接近美女而无邪淫之心，酣饮美酒而借以慰心。阮籍呵护这些已经被赋予了某种象征意义的人事的不同意义，因为他认为美女与美酒寄托了人们对美与秩序的认知。阮籍想通过美女与美酒，表达对现存认知方式的否定，期

---

〔1〕《世说新语·任诞》第 51 则。
〔2〕（唐）房玄龄等：《晋书》卷六十八，中华书局 1974 年版，第 1811 页。
〔3〕《世说新语·任诞》第 8 则。

望建立一种真正意义上的，更新、更合理的理想秩序。这个理想的秩序是合乎有史以来对其基本意蕴的本源式回归。美女与美酒，是美政与美丽人生理想的天然屏障。

第三节　阮籍之任诞与遥旨

正始年间比较活跃的是何晏等人。刘勰《文心雕龙·明诗》却认为："（及）正始明道，诗杂仙心，何晏之徒，率多浮浅。唯嵇志清峻，阮旨遥深，故能标焉。"[1]《明诗》专论诗歌，刘勰认为何晏等人浮躁夸饰过多，不值得深入讨论，有思想内容、能言及个人之"志"的，唯有竹林之游的核心人物嵇康与阮籍。

与山涛、王戎等人相比，嵇、阮确实都不是非常现实的哲人。山涛有"潜蕴的奇气，深藏的抱负"，[2]王戎甚至就直接将自己定位为"情之所钟"之人，[3]承认自己就是一个活在当下的有立场的世俗凡人。嵇康与阮籍都对自己行为与现实的偏差有所认知：

阮浑长成，风气韵度似父，亦欲作达。步兵曰："仲容已预之，卿不得复尔。"[4]

---

〔1〕（南朝·宋）刘勰：《文心雕龙注释》，周振甫注，人民文学出版社1981年版，第49页。

〔2〕徐高阮：《山涛论》，海豚出版社2014年版，第4页。

〔3〕《世说新语·伤逝》第4则："王戎丧儿万子，山简往省之，王悲不自胜。简曰：'孩抱中物，何至于此！'王曰：'圣人忘情，最下不及情；情之所钟，正在我辈。'简服其言，更为之恸。"

〔4〕《世说新语·任诞》第13则。

虽然守持规则方式不同，但嵇康和阮籍都在努力坚守自己的精神家园。嵇康诫子并托孤，阮籍拒阮浑欲达，说明他们都并不见得就认为自己的言行一定最合处世之道，他们甚至意识到自己所言所行，在很大程度上不会带来好结果。嵇康是理想的坚定守望者，他自称"刚肠嫉恶、轻肆直言"，[1]承认自己过于直率，但又无法做到适应俗务去毁坏理想；阮籍以委婉曲折的方式维护理想，一步三叹，愿意与不愿意都不敢明确表达，竭力曲径以求同归。在嵇康那里，心所向往与行为是契合的，理性往往产生于行为后再反省；在阮籍那里，心所向往与具体的行为之间并不一定契合，如果二者相悖，理想的维护方式便是根据实际尝试调适，分裂便由此出现：一方面想维护自己的理想，一方面又不得不违背自己的本愿，总是在不得已的彷徨与无奈中亦步亦趋。二人的诗歌也有同样的特点，嵇康其人清峻，其诗亦"清峻"；而阮籍的《咏怀诗》则委婉含蓄，往往"言在耳目之内，情寄八荒之表"，[2]真正想表达的东西，只有结合具体的人、事、景，才能猜得一二。嵇康行为并不荒诞，他只是任性，坚定地按照自己认识的方向走下去，即使自己意识到错了也要走下去，在性格表现上是"峻"直而有棱角；阮籍则不一样，他并不任性，当面对要以生命作为代价的时候，他会求全、选择，为了尽可能避免与理想违背，他以荒诞而不符合理性的行为来掩盖。

　　阮籍父为建安七子之一的阮瑀，阮瑀的性格，从曹操招出仕就可以看出。《三国志》本传裴松之引《文士传》：

---

　　[1]（三国·魏）嵇康：《嵇康集校注》，戴明扬校注，中华书局2015年版，第179~180页。

　　[2]（梁）钟嵘：《诗品译注》，周振甫译注，中华书局1998年版，第41页。

太祖雅闻瑀名，辟之，不应，连见偪促，乃逃入山中。太祖使人焚山，得瑀，送至，召入。太祖时征长安，大延宾客，怒瑀不与语，使就技人列。瑀善解音，能鼓琴，遂抚弦而歌，因造歌曲曰："奕奕天门开，大魏应期运。青盖巡九州岛，在东西人怨。士为知己死，女为悦者玩。恩义苟敷畅，他人焉能乱？"为曲既捷，音声殊妙，当时冠坐，太祖大悦。[1]

阮瑀"少受学于蔡邕"，蔡邕初出仕于董卓时百般不愿，"称疾不就"，董卓大怒，以"我力能族人"相威胁，于是不得不出，"三日之间，周历三台"。而董卓被王允等设计诛杀后，蔡邕又因为"在司徒王允坐，殊不意言之而叹，有动于色"，被王允收缚廷尉治罪。"蔡邕陈辞谢，乞黥首刖足，继成汉史"，王允也不许。[2]阮瑀出仕，蔡邕之事对阮瑀不可能不产生影响。可以想见，焚山请出之人无论是曹操还是曹洪，也不管阮瑀投曹操是焚山相逼不得已而为之还是投杖而从出于所愿，阮瑀的内心其实都是经过颇多犹豫与矛盾取舍的。他最终选择从曹操，已经表明了他在人生关键时候的取舍态度。这一点对阮籍一生的处事影响不言而喻。

建安七子邺下之游不再，阮、徐、陈、玚、桢诸人去世后，曹丕深感无文学知音的寂寞，作书与吴质，论及其在文学创作中的成就与特点，深感愧惜与凄凉，论阮瑀则"书记翩

---

[1]（晋）陈寿：《三国志》卷二十一，（晋）裴松之注，陈乃乾校点，中华书局1959年版，第600页。又裴松之注释曰："鱼氏《典略》、挚虞《文章志》并云瑀建安初辞疾避役，不为曹洪屈。得太祖召，即投杖而起。不得有逃入山中，焚之乃出之事也。"

[2]（南朝·宋）范晔：《后汉书》卷六十下，（唐）李贤等注，中华书局1965年版，第1990页。

翩，致足乐也"。[1]建安七子所作各有所长，在曹丕看来，阮瑀重在"书记"。一方面，曹操辟阮瑀，"并以琳、瑀为司空军谋祭酒，管记室"，[2]主要任务就是军国书檄，而阮瑀"书记翩翩"，说明他确实担任了自己所擅长的职务并且能力较强；另一方面，与王粲、孔融等不同，公文以外，阮瑀不以表"心志"为主，也可以窥见其创作态度与人生态度。

除了邺下交游的回忆，曹丕还专门写《寡妇赋》，论及阮瑀去世后其家人的悲苦生活，又可窥见阮瑀去世后阮籍的生活状况与所处的社会交往实际情况。《寡妇赋》序言：

> 陈留阮元瑜，与余有旧，薄命早亡，每感存其遗孤，未尝不怆然伤心，故作斯赋。以叙其妻子悲苦之情。命王粲并作之。[3]

对于阮籍而言，丧父后的生活确实很艰难。

其一，阮瑀的邺下交游并不能为阮籍带来实质性好处。阮瑀作为曹操、曹丕麾下文学书记的主要人物，尤其与曹丕关系甚好。这种特殊的关系，若是在曹氏江山较为稳固时，当然极其有利，一旦曹氏江山处于被控的窘况之下，这种身份却未必能为阮籍带来好处，相反，却更容易使其处于被猜忌的不利地位。

其二，阮瑀"薄命早亡"。阮瑀于建安十七年（公元212

---

[1]《全三国文》卷七，见（清）严可均校辑：《全上古三代秦汉三国六朝文》，中华书局1958年版，第1089页。

[2]（晋）陈寿：《三国志》卷二十一，（晋）裴松之注，陈乃乾校点，中华书局1959年版，第600页。

[3]《全三国文》卷七，见（清）严可均校辑：《全上古三代秦汉三国六朝文》，中华书局1958年版，第1073页。

年）去世，此时阮籍仅仅3岁。因为阮籍过于年幼，与邺下同游之人的联系逐渐疏远。

其三，阮瑀去世后，阮籍可能由叔父协助照顾。《晋书·阮籍传》载"籍尝随叔父至东郡，兖州刺史王昶请与相见"。有研究认为此"叔父"应当是阮瑀族弟阮武："阮瑀弟名不见经传，也无其他事迹见于史书，很可能无任何才能（或早殇），从情理上讲他是没有资格与王昶交往的。因此笔者认为这里的'叔父'应当是阮籍这位族叔父阮武，阮武是当世有名的学者，又做过清河太守，与魏代名臣杜畿、杜恕家交往颇深，阮武与杜恕、王昶生活的年代大致相同，只有他才有资格带阮籍去见王昶。"[1]在曹丕看来，阮籍母子在阮瑀离世后生活"悲苦"，令人"怆然伤心"，于是曹丕命王粲共作文。曹丕《寡妇赋》从一般的思念角度出发，写孤独之思："霜露纷兮交下，木叶落兮萋萋。候雁叫兮云中，归燕翩兮徘徊。妾心感兮惆怅，白日急兮西颓。守长夜兮思君，魂一夕兮九乖。怅延伫兮仰视，星月随兮天回。徒引领兮入房，窃自怜兮孤栖。原从君兮终没，愁何可兮久怀。"[2]王粲的《寡妇赋》中则出现了"孤孩"，很有可能就是阮籍，除了孤独之思，还写到了生活的不如意："闭门兮却扫，幽处兮高堂。提孤孩兮出户，与之步兮东厢。顾左右兮相怜，意凄怆兮摧伤。观草木兮敷荣，感倾叶兮落时。人皆怀兮欢豫，我独感兮不怡。日掩暧兮不昏。明月皎兮扬晖，坐幽室兮无为。登空床兮下帏，涕流连兮交

---

[1] 王建国："魏晋陈留阮氏及其家学家风考论"，载《天中学刊》2004年第4期。
[2]《全三国文》卷七，见（清）严可均校辑：《全上古三代秦汉三国六朝文》，中华书局1958年版，第1073页。

颈。心憎结兮增悲。"如此处境，以致"欲引刃（而）以自裁，孤弱子而复停"。[1]曹丕等阮瑀昔日交游之人在，尚且如此。随着十多年后曹丕去世（曹丕于公元226年逝），建安同游诸人日渐不在，正需要人提携关照的阮籍面临的窘况可以想见。

其四，陈留阮氏分为两门。至阮籍时，在经济上明显分为贫富差距较大的两门，隔道而居。《世说新语》载：

阮仲容、步兵居道南，诸阮居道北。北阮皆富，南阮贫。七月七日，北阮盛晒衣，皆纱罗锦绮。仲容以竿挂大布犊鼻裈于中庭。人或怪之，答曰："未能免俗，聊复尔耳！"[2]

裈是古人一种合裆的裤子，汉昭帝以前，一般人都着"两腿各跨别"的"溺袴"，不合裆，以外围的下裳遮羞。但一般身份较低的人劳作时着裈。犊鼻裈，有人以为形状像牛犊的鼻子，《史记》言司马相如与卓文君当垆卖酒"相如自着犊鼻裈，与保庸杂作，涤器于市中"。韦昭曰："今三尺布作形如犊鼻矣。称此者，言其无耻也。"[3]也有人认为是因为人的膝盖部位有犊鼻穴，而这种衣服长短正好在此穴位处，故称犊鼻裈。用料不多，形如犊鼻，或者长仅及犊鼻穴，都说明这种合裆的衣服，与当时有地位的人褒衣博带的着装风格不同，是社会地位比较低的人所着之服装，难怪卓王孙对司马相如这一行为与装"闻而耻之，为杜门不出"。阮咸以犊鼻裈挂在中庭

---

[1]《全后汉文》卷九十，见（清）严可均校辑：《全上古三代秦汉三国六朝文》，中华书局1958年版，第959页。

[2]《世说新语·任诞》第10则。

[3]（汉）司马迁：《史记》卷一百一十七，（南朝·宋）裴骃集解，（唐）司马贞索隐，（唐）张守节正义，中华书局1959年版，第3001页。

最为显耀的位置,与北阮之富形成对比。

同样是早孤,但对阮籍和嵇康而言,生活的难易程度其实是不一样的,这是形成二人性格不同的一个很重要的原因。嵇康早孤,并没有过多地影响到经济生活,尚有成年的兄长提供家庭基本生活需求的供给,继承家学。同时,大家都因父亲去世时他太过年幼,宠溺着他,即便不喜欢读经书,不选择继承家庭传统风格,也包容他。阮籍早孤,可能要学会分担家庭经济压力,生活的艰难感与沉重感会自然而然地落到他的肩上。这种不同的生活境况可以造就不同的性格。嵇康可以倔强且理直气壮地对一个人说"不",敢为了理想不计天高地厚地硬碰硬;阮籍不会,他在很多事情上往往表现得有些犹豫且懦弱,对强势的人说"不"总是百般婉转曲折。同样是被钟会见,嵇康以沉默直接拒绝不理,而阮籍的拒绝就不那么直接:

> 钟会数以时事问之,欲因其可否而致之罪,皆以酣醉获免。[1]

要拒绝别人,还要保证处于弱势的自己不受伤害,同时,还必须尽可能不驳人家的面子,尽最大的可能两不相伤。阮籍的"酣醉"是反反复复思虑良久的举动。阮籍的这种性格,是长期的艰难环境历练出来的处事风格,会导致一个人在具体的行动中表现出不一致。阮籍的"至慎"与"任诞"便是一对最为突出的矛盾行为。

至慎的人会注意自己的言行举止,以求得无懈可击;任诞

---

[1] (晋)陈寿:《晋书》卷四十九,(晋)裴松之注,陈乃乾校点,中华书局1959年版,第1360页。

却是一种有意无意表现出的一些与常态不太一样的举止，不计后果，有没有可诟病之处一般不在考虑范围。这二者本不可能集中于一个人身上，但在阮籍处却兼而有之。时人对他的评价与他自己的行为颇值得寻味：

　　晋文王称阮嗣宗至慎，每与之言，言皆玄远，未尝臧否人物。〔1〕

　　晋文王功德盛大，坐席严敬，拟于王者。唯阮籍在坐，箕踞啸歌，酣放自若。〔2〕

　　阮嗣宗口不论人过，吾每师之而未能。〔3〕

"言皆玄远"，其实就是故意避免正面论及，也不明确表达自己的观点与态度，奥妙玄远，转而言他。阮籍不喜不怒，就是极力避免表现出对任何事情的真实态度与情感。《晋书》本传将此总结为"喜怒不形于色"。从司马昭的角度看，阮籍不"臧否人物"，对人物从来都是既不褒扬也不贬损态度，而嵇康只看到了阮籍"口不论人过"的一面，至于是否褒扬，不得而知。发现视角的不同，或许是因为嵇康从自我反省的角度，针对自己"刚肠疾恶""轻肆直言""遇事便发"的不足而言，或许是阮籍本就在不同人面前有不同的表现。倘若是后者，则阮籍的"喜怒不形于色"，很可能也是针对不同对象的。这样，其"至慎"就真的是在某些场合故意保持的一种态度了。

---

　　〔1〕《世说新语·德行》第15则。
　　〔2〕《世说新语·简傲》第1则。
　　〔3〕《与山巨源绝交书》，见（三国·魏）嵇康：《嵇康集校注》，周振甫译注，中华书局1998年版，第178页。

第三章　任诞风尚与适时逍遥

对于有些人、有些事，阮籍还是有所"臧否"的：王戎性吝啬好财，[1]阮籍称之为"俗物"，不但不慎，还毫不忌讳地骂其"败人意"。[2]刘昶"与人饮酒，杂秽非类"，阮籍与王戎"交觞酬酢，公荣遂不得一杯"。[3]阮籍与那位被自己骂为"俗物"的王戎饮酒，却不给另一个俗人酒，不给也就罢了，还特地道出一番不给的理由，以其人之道反其人，这可不是不论人过，甚至刚好相反，专门论及人"过"。

言语以外，他还用自己特有的行为"暗示"了比言语更为有力的"臧否"态度：

籍又能为青白眼，见礼俗之士，以白眼对之。及嵇喜来吊，籍作白眼，喜不怿而退。喜弟康闻之，乃赍酒挟琴造焉，籍大悦，乃见青眼。[4]

对于嵇喜，通过与吕安等人的交往，便可知道他诚实而敦厚的为人。他对嵇康的朋友们很包容，即便不高兴，也不会招惹更多的是非。对于这样的人，阮籍的"臧否"态度也很明显。

---

[1]《世说新语·俭啬》共计8则，王戎占4则。第2则："王戎俭吝，其从子婚，与一单衣，后更责之。"第3则："司徒王戎，既贵且富，区宅、僮牧、膏田、水碓之属，洛下无比。契疏鞅掌，每与夫人烛下散筹算计。"第4则："王戎有好李，卖之，恐人得其种，恒钻其核。"第5则："王戎女适裴𫖯，贷钱数万。女归，戎色不说；女遽还钱，乃释然。"

[2]《世说新语·排调》第4则："嵇、阮、山、刘在竹林酣饮，王戎后往，步兵曰：'俗物已复来败人意！'王笑曰：'卿辈意亦复可败邪？'"

[3]《世说新语·简傲》第2则："王戎弱冠诣阮籍，时刘公荣在坐。阮谓王曰：'偶有二斗美酒，当与君共饮，彼公荣者无预焉。'二人交觞酬酢，公荣遂不得一杯；而言语谈戏，三人无异。或有问之者，阮答曰：'胜公荣者，不得不与饮酒；不如公荣者，不可不与饮酒；唯公荣可不与饮酒。'"

[4]（唐）房玄龄等：《晋书》卷四十九，中华书局1974年版，第1361页。

由以上态度，我们可以清晰地看出阮籍在不同人面前是有不同表现的，王戎、刘昶、嵇喜，或是知音之交，或是旷达之人，或是宽厚的聪明人，对于这些人，是可以目中有人，可以以目识人，明明白白表达"臧否"的实际想法与态度的。但是在有些人面前，则必须掩饰自己的喜好，目无一切、不喜不恶。

籍尝随叔父至东郡，兖州刺史王昶请与相见，终日不开一言，自以不能测。[1]

王昶为王浑父、王济祖父，在曹魏时期颇具文治武功，但在关键事件中多与司马家保持一致：青龙四年（公元236年），诏"卿校已上各举一人"，时"太尉司马宣王以昶应选"；嘉平年初，司马懿诛曹爽后，"乃奏博问大臣得失"，王昶"陈治略五事"，积极献策。[2]这样的人，在阮籍看来，如果表现出真实的评价态度和看法会招致杀身之祸，只能缄默不语。醉酒与沉默，殊途同归，其实都是基于对言语对象判断基础上的一种委婉的策略。故而，阮籍不是完全不表达好与恶，也不是在任何场合都不表达自己的情感。相反，他非常注重选择表达自己情感的场所。同样，他所表达"臧否"的人物，也是经过了思忖与选择的。

有所论有所不论，有时臧否有时不予臧否，有所臧否有所不臧否，这是阮籍的处事规则，也是阮籍的保身之道。虽然阮籍任诞，但是任诞并不是他的主要原则，他的人生一直在不断

---

[1]（唐）房玄龄等：《晋书》卷四十九，中华书局1974年版，第1359页。
[2]（晋）陈寿：《三国志》卷二十七，（晋）裴松之注，陈乃乾校点，中华书局1959年版，第749页。

第三章 任诞风尚与适时逍遥

追求的,是怎样才能保护自己的理想,在不同的场合给出不同的回应,是他处事不二的适时原则。

阮籍对自己的精神理想竭力维护,但又在自己的性格与面临的问题出现矛盾时,内心苦痛且不得已。面对事关重大的问题,选择醉;面对生命陨落,选择哭;面对出仕问题,选择弃官。凡此种种,貌似任诞,然而又能折射出他对自己人生原则的卫护。

> 文帝初欲为武帝求婚于籍,籍醉六十日,不得言而止。[1]

魏晋的婚姻,尤讲门户的攀结。从某种角度来看,司马昭为司马炎求娶阮籍女,在当时并不见得是一桩"门当户对"的婚姻:阮籍时为"南阮"一支,高平陵事变时司马炎大约14岁,而迎杨氏是在为晋王世子时,粗略估算,便可得知此事正是司马权力稳步趋盛的时期。从当时世家大族婚姻门户平衡的角度,阮籍是"高攀"了,没有什么拒绝的理由。就婚姻为彼此带来的利好看。司马昭方面:一则从身份门第上不亏,从家族地位上算是两当,经济地位可刻意抛开,时人也不以暂时的经济地位品评人物;二则与自己结交文士集团有利,阮籍为己所用,自己在思想界的声誉与地位自然不会低,品评声誉与实际权力相合,无疑会迅速提升社会地位。阮籍方面就不同了:婚姻结盟代表了一种政治立场,而这个政治立场自己不愿意认同;最苦恼的是,不同意的理由还不能直白地说出来。所以,阮籍不得不采取不表态的办法,最好的方式就是避而不见;避而不见的最好方式就是把自己弄得神志不清,不宜

---

[1](唐)房玄龄等:《晋书》卷四十九,中华书局1974年版,第1360页。

商谈重要事务。婚姻结盟,两厢认同,便可欣然而往,如乐广嫁女于卫玠、王导与郗鉴为晚辈约婚,都是如此。有一方不同意,则必然有身份不等的原因,如桓温为子求娶王坦之女,王述因"兵"的身份而不予。[1]如果不好以正常理由拒绝,神志不清的做法无疑利于保身——神志不清,不见得就一定能庇护自己的生命,但是神志不清,可以维护自己微薄的自尊。阮籍的这一做法是颇为两得的方式,既能拒绝,又能为彼此保留情面,后人也往往效法。如名士王衍就成功尝试过:"杨骏欲以女妻焉,衍耻之,遂阳狂自免"。[2]杜甫诗《晦日寻崔戢李封》言"至今阮籍等,熟醉为身谋",杜甫有家国的情怀,认为这种仅止于"为身谋"并不高明。然而,阮籍的原则,能存住理想的矜守,委婉而保全最为重要。

阮籍丧母期间所为,一直都是标榜礼法的要人们攻击的典型。《世说新语·任诞》从多个角度对此进行了叙述:

阮籍遭母丧,在晋文王坐进酒肉。司隶何曾亦在坐,曰:"明公方以孝治天下,而阮籍以重丧,显于公坐饮酒食肉,宜流之海外,以正风教。"文王曰:"嗣宗毁顿如此,君不能共忧之,何谓?且有疾而饮酒食肉,固丧礼也!"籍饮啖不辍,神色自若。

阮籍当葬母,蒸一肥豚,饮酒二斗,然后临诀,直言

---

[1] 《世说新语·方正》第58则:"王文度为桓公长史时,桓为儿求王女,王许咨蓝田。既还,蓝田爱念文度,虽长大犹抱着膝上。文度因言桓求己女婿。蓝田大怒,排文度下膝,曰:'恶见,文度已复痴,畏桓温面?兵,那可嫁女与之!'文度还报温云:'下官家中先得婚处。'桓公曰:'吾知矣,此尊府君不肯耳。'后桓女遂嫁文度儿。"

[2] (唐)房玄龄等:《晋书》卷四十三,中华书局1974年版,第1234页。

"穷矣"！都得一号，因吐血，废顿良久。

阮步兵丧母，裴令公往吊之。阮方醉，散发坐床，箕踞不哭。裴至，下席于地，哭吊喭毕，便去。或问裴："凡吊，主人哭，客乃为礼。阮既不哭，君何为哭？"裴曰："阮方外之人，故不崇礼制；我辈俗中人，故以仪轨自居。"时人叹为两得其中。[1]

《晋书》本传也对以上内容进行了专门叙述。[2]阮籍之于母亲，感情更为特殊，一个人3岁丧父形成的对母亲的依恋毋庸置疑。从王粲的《寡妇赋》来看，阮籍与母亲一直都处于相依为命的境地，"提孤孩兮出户，与之步兮东厢"，"欲引刃（而）以自裁，孤弱子而复停"。母亲去世，阮籍当然不是没有丧亲之痛，"都得一号，因吐血，废顿良久"，这比王戎的"死孝"更甚。[3]与母临诀，只说两个字"穷矣"，其实已经是概括了所有的情感。母亲去世，生命穷尽；自己与母亲彼此之间互为依靠，对亲情的守护，也走到了尽头；而自己心里的理想，也在一天天变质远去，距离穷矣又有多久？人生里这些最为珍贵的东西都在渐行渐远，人生的归宿又在哪里？理想的归宿又在哪里？他没法用言语去追问，也不能用言语去

---

[1]《世说新语·任诞》第2、9、11则。
[2]《晋书·阮籍传》载："性至孝，母终，正与人围棋，对者求止，籍留与决赌。既而饮酒二斗，举声一号，吐血数升。及将葬，食一蒸肫，饮二斗酒，然后临诀，直言穷矣，举声一号，因又吐血数升，毁瘠骨立，殆致灭性。裴楷往吊之，籍散发箕踞，醉而直视，楷吊唁毕便去。或问楷：'凡吊者，主哭，客乃为礼。籍既不哭，君何为哭？'楷曰：'阮籍既方外之士，故不崇礼典。我俗中之士，故以礼仪自居。'时人叹为两得。"
[3]《世说新语·德行》第17则："王戎、和峤同时遭大丧，俱以孝称。王鸡骨支床，和哭泣备礼。武帝谓刘仲雄曰：'卿数省王、和不？闻和哀苦过礼，使人忧之。'仲雄曰：'和峤虽备礼，神气不损；王戎虽不备礼，而哀毁骨立。臣以和峤生孝，王戎死孝。陛下不应忧峤，而应忧戎。'"

追问，场合不便，况且，在场的人也不足以作为他追问的对象。

对于阮籍在母丧期间不符合常礼之处，时为司隶校尉的何曾向司马昭提出弹劾，从某种角度也是职责所在。因为古人居丧，确有一套严格的礼数。《礼记·问丧》有言：

> 亲始死，鸡斯徒跣，扱上衽，交手哭。恻怛之心，痛疾之意，伤肾、干肝、焦肺，水浆不入口，三日不举火，故邻里为之糜粥以饮食之……动尸举柩，哭踊无数。恻怛之心，痛疾之意，悲哀志懑、气盛，故袒而踊之，所以动体。[1]

又《礼记·间传》：

> 斩衰之哭若往而不反……此哀之发于声音者也。
> 斩衰唯而不对……此哀之发于言语者也。
> 斩衰三日不食……士与敛焉壹不食。故父母之丧既殡食粥，朝一溢米，莫一溢米……此哀之发于饮食者也。
> 父母之丧既虞、卒哭，疏食水饮，不食菜果。期而小祥，食菜果；又期而大祥，有醢、酱；中月而禫，禫而饮醴酒。始饮酒者先饮醴酒，始食肉者先食干肉。[2]

居父母丧，从不食到始食再至以何食，都有所规定。一般，为父母服斩衰，应哭"若往而不反"；面对前来吊唁的

---

[1]（清）孙希旦：《礼记集解》，沈啸寰、王星贤点校，中华书局1989年版，第1349页。

[2]（清）孙希旦：《礼记集解》，沈啸寰、王星贤点校，中华书局1989年版，第1364页。

第三章　任诞风尚与适时逍遥

人,应该是只应诺,不作答;在饮食上,三天不吃饭,入馆停灵之后,才能开始吃少量的粥。然后再过渡到吃粗而简单的饭,喝白水,满周年才可吃蔬菜瓜果,满两年可以用醋、酱等调料下饭,除丧服后才可饮酒。不但在实际行动上要符合则理,在具体的神态上,也要充分表现出亲人去世的伤痛之状,忧悼在心,《礼记·檀弓上》:"始死,充充如有穷;既殡,瞿瞿如有求而弗得;既葬,皇皇如有望而弗至。练而慨然,祥而廓然。"[1]阮籍所为,首先不哭,其次饮酒食肉,再次对前来吊唁的人不予过问搭理,本已违反了居丧的礼数,招致非议。加上他散发箕踞,连正常的与人正式见面的礼数都不遵守。会受到弹劾也不奇怪。

相应,司马昭替阮籍找到的理由也符合礼的要求。《礼记·曲礼》强调要根据自己的实际情况服丧,不能超出生者的生理承受能力:"居丧之礼,头有创则沐,身有疡则浴,有疾则饮酒食肉,疾止复初。不胜丧,乃比于不慈不孝。"[2]何曾身居司隶校尉,平日以礼法为示范标准,连与妻相见也要有严格的程序,现在任职所在,阮籍当然知道他会借机弹劾自己,但是他依然坚持这样做。司马昭面对这种弹劾,故意不予理睬,还以有"疾"为理由故意代为托辞,越是有人弹劾,越是表示自己的宽容与示好。足见阮籍与司马昭其实各自都有一个有关规则的心结。

"不哭"与"哭",其实是阮籍有意的选择。曾经与自己

---

[1] (清)孙希旦:《礼记集解》,沈啸寰、王星贤点校,中华书局1989年版,第178页。
[2] (清)孙希旦:《礼记集解》,沈啸寰、王星贤点校,中华书局1989年版,第76页。

相依为命的母亲，应该服丧尽哀礼，阮籍不哭，也不表哀痛之容，倒是不认识的人去世，阮籍却专门去哭：

> 兵家女有才色，未嫁而死。籍不识其父兄，径往哭之，尽哀而还。其外坦荡而内淳至，皆此类也。[1]

这位"兵家女"，基本上与阮籍没有任何交集，"兵家"的社会地位也不高，名士阮籍完全可以不去哭。恰恰在这时候，阮籍"径往哭之，尽哀而还"，不但专门跑去哭，而且哭之哀痛。母丧，与阮籍的生活直接相关，哀而哭是礼，也是情之所致，阮籍却不哭。不哭，当然不是内心不哀痛，哭，也未必是因斯人而哀痛。阮籍是想将心中集聚已久的内心的痛表达出来，他所哭的，不只是一个生命陨落的女子，而是眼看即将陨失的人生与费尽心血固守的人生理想。"尽哀而还"，他感觉到自己在保持人格的路途中迷失了，还不得不硬着头皮继续周旋。阮籍做了不止一两件"荒诞"之事，任诞不已，骨子里却清晰地表达一种观念。

> 阮籍嫂尝还家，籍见与别，或讥之。籍曰："礼岂为我辈设也？"
>
> 阮公邻家妇，有美色，当垆酤酒。阮与王安丰常从妇饮酒，阮醉，便眠其妇侧。夫始殊疑之，伺察，终无他意。[2]

《礼记·曲礼》载"男女不杂坐"，其中，叔嫂问题便是

---

[1]（唐）房玄龄等：《晋书》卷四十九，中华书局1974年版，第1361页。
[2]《世说新语·任诞》第7、8则。

特意关注的关系之一,"嫂叔不通问"。[1]"嫂溺,则援之以手乎"还曾是一个颇为两难的辩题。[2]西晋正始年间,针对"叔嫂服"的问题,蒋济与何晏、夏侯玄还进行过专门的诘难讨论,何晏、夏侯玄虽以融通儒道见长,但是在这个问题上依然坚持"叔嫂无服",认为"家人之中,男女宜别,未有若叔嫂之至者"。[3]产生这一讨论,恰恰说明在这个问题上,此前颇为忌讳。何曾为了强调"闺门整肃",即便见妻子,也墨守礼法,但实际上与人之常情并不符合;[4]吕巽诉弟弟吕安挝母,却淫辱弟媳。与这些表面上谨慎严苛,实际上却表里不一的做法相比较,阮籍接近女性的方式直接而单纯,既不标榜礼,也不为好色,既然这些美好的女性是人们标榜礼法、表现权利、好色淫威的对象,那么其恰恰能代表阮籍心中那个美好而又被损坏了的理想。

何晏、曹爽、何曾、吕巽等人,表面上守礼,但生活放荡、奢费攀比、不守忠孝者,何止一二人,阮籍不赞成,也没有能力直言以诚。他希望能保持礼之本而不被损害,用自己的方式去维护礼之美,但他的维护方式却无力且委婉,一旦用生命的代价来威胁,阮籍苦苦经营起来的那些美好便会轰然倒塌。

---

〔1〕(清)孙希旦:《礼记集解》,沈啸寰、王星贤点校,中华书局1989年版,第44页。

〔2〕(清)焦循:《孟子正义》,沈文倬点校,中华书局1987年版,第521页。

〔3〕《全三国文》卷三十九,见(清)严可均校辑:《全上古三代秦汉三国六朝文》,中华书局1958年版,第1273页。

〔4〕《晋书·何曾传》:"(曾)闺门整肃,自少及长,无声乐嬖幸之好。年老之后,与妻相见,皆正衣冠,相待如宾。己南向,妻北面,再拜上酒,酬酢既毕便出。一岁如此者不过再三焉。"

阮籍出仕的态度，也一直都是唯唯诺诺、欲辞还就。从他被征辟出仕开始就是这样。最初，蒋济为太尉，"闻其有隽才而辟之"，阮籍专门写《辞蒋太尉辟命奏记》：

伏惟明公以含一之德，据上台之位，群英翘首，俊贤抗足。开府之日，人人自以为掾属；辟书始下，下走为首。昔子夏处西河之上而文侯拥彗，邹子居黍谷之阴而昭王陪乘。夫布衣韦带之士，孤居特立，王公大人所以礼下之者，为道存也。今籍无邹卜之德，而有其陋，猥烦大礼，何以当之。〔1〕

阮籍的拒绝，可谓煞费心机：一开始就对蒋济夸赞一番，称他为有德的"明公"；然后，讲礼贤下士的文公大人与特立独行的布衣之间的契合之处；最后，认为蒋济是作为明公礼贤下士，而自己的确不称职，不能胜任，希望不要征辟自己。这样写，当然会被理解成欲推还就的谦虚之辞。所以，蒋济"得记欣然""遣卒迎之"，认为阮籍肯定是同意了，只不过出于谦让，需要他亲自出面再次邀请而已。阮籍听蒋济又亲自来了，没有办法，只好跑了，蒋济大怒，"于是乡亲共喻之"。威吓与理喻并下，阮籍便又乖乖回来"就吏"。这与嵇康对待被推荐的态度完全不同，嵇康是借朋友山涛来拒绝其他人的举荐，俨然"拒官"；而阮籍不可能借辞"明公"蒋济而告白天下，所以就采取"辞就"的方式，不得不"就官"。嵇康不愿意就直说，还托一篇推荐自己的人也是最了解自己的人的"绝交"声明来直接表达，这已经是他所能接受的最曲意的表

---

〔1〕（三国·魏）阮籍：《阮籍集校注》，陈伯君校注，中华书局1987年版，第59页。

达了。阮籍显然不一样，他的拒绝委婉到了没有力度，他的出逃也不能持久，稍微一恐吓就又不得不乖乖委屈自己的本愿，迎合他者的意愿。

倘若因阮籍委婉而毫无个性地"就吏"，如蒋济所愿，违自己所愿，嘲笑阮籍没有骨气，未免过于简单。就出仕的履历看，阮籍在尚书郎、曹爽辅政时的参军等职位，任期都不长就称病免官。足见嵇康与阮籍对提携自己的人，或称绝交，或赞誉抬举，一方面确实因为举荐之人或是朋友或是政客，身份上还是有区分，回应方式也会不同，更重要的一方面在于二人出仕态度的不同。对于嵇康，出仕不出仕，对生活和家庭的责任可能没有区别，而对阮籍就不一样了。从某种程度上看，阮籍需要出仕来完成肩负的生活责任与担当。所以，阮籍不拒官，因为他有责任，并不是每一个人都可以如自己所愿活着，过着闲云野鹤般的生活而又衣食无忧。甚至有时候，阮籍不得不放低姿态去"求"官，步兵校尉就是主动"求"来的。

步兵校尉缺，厨中有贮酒数百斛，阮籍乃求为步兵校尉。[1]

阮籍称"阮步兵"，便是以此职而得。与参军、从事中郎等不同，步兵校尉属朝廷专任官职。这一职务本为武职，却往往由文士任职，可见实际上并不是很受重视，甚至都有可能是个"闲职"。阮籍"求"这样一个职位，《世说新语》给出的原因是有酒，而阮籍又好酒，故而求之。求而得之，还叫来刘伶，二人共饮而大醉，甚至有醉死的传闻。稍加分析，就会发现阮籍求这个职位并不是真的冲着酒去的，而是借求酒之名求

---

[1]《世说新语·任诞》第5则。

官。步兵校尉的官品确实不高，职守任务也不受重视，但相对于曹爽时期任的参军、司马懿及司马师时期的从事中郎一职，最大的区别不在官品，而是此职为朝廷专任职务，相对独立，可以大大减少与大人物接触的时间。或许阮籍真的累了，想做更真实的自己，不想再整天以迷乱为借口逃避。因为无论借醉酒还是任诞的形式逃避，都有很大的风险，稍不留神，就会招致祸患。

有司言有子杀母者，籍曰："嘻！杀父乃可，至杀母乎！"坐者怪其失言。帝曰："杀父，天下之极恶，而以为可乎？"籍曰："禽兽知母而不知父，杀父，禽兽之类也。杀母，禽兽之不若。"众乃悦服。[1]

忠与孝，君与父，本是对等的关联。在阮籍看来，这种关系在当时其实是被扭曲了的，弑君乃可，杀父有何不可？有关弑君的实际行为与弑父之"孝"之间的关系、有关禽兽与现世的问题，在阮籍心里可能反反复复思量过无数遍，才终于忍不住，在该"至慎"的时候脱口而出。对于阮籍而言，不但在心里衡量无数遍，在笔端也已经忍无可忍：

外察慧而内无度兮，故人面而兽心………扬眉额而骤呻兮，似巧言而伪真。藩从后之繁众兮，犹伐树而丧邻………举头吻而作态兮，动可增而自新………斯伏死于堂下，长灭没手神。[2]

---

[1] （唐）房玄龄等：《晋书》卷四十九，中华书局1974年版，第1360页。
[2] （三国·魏）阮籍：《阮籍集校注》，陈伯君校注，中华书局1987年版，第44页。

第三章 任诞风尚与适时逍遥

序：嘉平中得两鸠子，常食以黍稷之旨，后卒为狗所杀，故为作赋。

陵桓山以徘徊，临旧乡而思入；扬哀鸣以相送，悲一往而不集。终飘遥以流离，伤弱子之悼栗。何依恃以育养？赖兄弟之亲昵。背草莱以求仁；托君子之静室………值狂犬之暴怒，加楚害于微躯，欲残没以麋灭，遂捐弃而沦胥，嗟薄贱之可悼，岂有忘于须臾。[1]

猕猴、鸠子、狗的象征意象非常明显，尤其是"嘉平""两鸠子"已经直指实事了。有关"子杀母"案的讨论，阮籍终不"至慎"，将心所想说了出来，故而"杀父乃可"。但是，当被进一步质问时，阮籍又立刻"至慎"起来，回了自己的话，终究不敢再多说一个字，用一个巧妙话语闪烁其词地遮掩过去。

因求"远处"而不得不"求官"，因"求官"而又不得不"求酒"。刻意用任诞的行为去遮掩，用貌似慎而又慎的发言玄远去遮掩，这样刻意掩饰心所向，不能表达人生意愿的生活无疑是充满了压抑和痛苦的，长此以往，也会令人失望，甚至有沉重的精神负担。故而，阮籍是迷茫的，他的言行与内心所望并不一致，这是一个士人在理想与现实之间差距过大而又无可奈何、找不到出路的悲剧：

时率意独驾，不由径路，车迹所穷，辄恸哭而反。尝登广

---

[1]（三国·魏）阮籍：《阮籍集校注》，陈伯君校注，中华书局1987年版，第47页。

魏晋名士的风尚与规约

武，观楚、汉战处，叹曰："时无英雄，使竖子成名！"[1]

苏轼认为"伤时无刘、项也，竖子指魏、晋间人耳"，[2]洪迈认为"盖叹是时无英雄如昔人者。俗士不达，以为籍讥汉祖，虽李太白亦有是言，失之矣"。[3]在迷茫中试图找到实现理想的路，但是找不到，站出来想要成为英雄的，的确又不是能配得上"英雄"的美名。阮籍不是不想成为一个时代的英雄，他也想得到机会，但是，如果要得到，就要放弃初衷，放弃坚守的理想。这对任何一个人而言，都是一个艰难的选择。

籍本有济世志，属魏晋之际，天下多故，名士少有全者，籍由是不与世事，遂酣饮为常。[4]

阮籍是努力想去消解现实与理想之间的矛盾的，他试图达到一种平衡，但是历时弥久，他发现自己应对这些矛盾的能力更差了，除去因酒带来的精神迷乱与生理迷乱，除去任诞的行为，阮籍确实未找到更好的出路。

毫无疑问，大多数人的心里都曾有一个守望的理想，但慢慢地，我们总是在为这个理想找到现实的寄托点，一点一点地，这个理想就会变得越来越模糊，甚至最后，被掩盖得无影无踪。阮籍的苦痛在于，他不想让这个理想无影无踪，但事实上，这个理想却又正在与之渐行渐远，只能留给他一个日渐模

---

[1]（唐）房玄龄等：《晋书》卷四十九，中华书局1974年版，第1362页。
[2]（宋）苏轼：《东坡志林》卷一，王松龄点校，中华书局1981年版，第7页。
[3]（宋）洪迈：《容斋随笔·容斋三笔》（唐宋史料笔记丛刊），孔凡礼点校，中华书局2005年版，第466页。
[4]（唐）房玄龄等：《晋书》卷四十九，中华书局1974年版，第1360页。

第三章 任诞风尚与适时逍遥

糊的阴影。他当然知道，总有一天这些都终将远逝，他所有坚持过的、努力过的、平衡过的，都终将无法选择，无法取舍，无法让自己满意。

司马昭对阮籍的性格并不陌生，他在何曾等人弹劾阮籍时，找一个合礼而又能两不相伤的理由，貌似信口道来，其实已经暗示了对于阮籍任诞的行为作何处置，在他心中早已有比较成熟的安排与计划。他了解阮籍分场合的谨慎，所以公开极力夸赞阮籍的至慎，既然阮籍让他在外面保有颜面，他也会维护支持阮籍的颜面。阮籍的文章，如《大人先生传》《猕猴赋》等，与嵇康"师心遣论"、精微析理的文章不同，很明显，一个是有则不紊地辨析，一个则是讽刺与怒骂并存，视为玩世嘲戏之辞，也未尝不可。关键的问题在于，辨析入理的，扬言自己刚肠嫉恶、只会用最直接的方式说话。漫骂嘲讽的，稍微给点颜色，就会变了风头，偃旗息鼓。总体上，还是这个骂人的好使唤。

魏朝封晋文王为公，备礼九锡，文王固让不受。公卿将校当诣府敦喻。司空郑冲驰遣信就阮籍求文。籍时在袁孝尼家，宿醉扶起，书札为之，无所点定，乃写付使。时人以为神笔。[1]

阮籍的态度向来都是预辞还就，将就又辞，如此反反复复。这一次本来也想靠这种方式搪塞过去，但是，从本质上看，这一次不一样，阮籍必须明确地表明自己的立场。阮籍作

---

[1]《世说新语·文学》第67则。

文,"无所点定",颇有父亲的风格,[1]不过与阮瑀相比,此"无所点定"却未必一定就是才高所致。司马昭初任大将军,就已逼曹髦改封自己为晋公,加九锡。加九锡在当时,已经与古天子赏赐之意不同。王莽、曹操都享受过如此殊荣,其意究竟所指在何,也就不言自明了。连曹髦也忍不住骂:"司马昭之心,路人所知也。"不管路人知道不知道,司马昭还是要假装路人不知道来行事,殊荣还是要客套避让一番的。司马昭辞而不受归司马昭辞而不受,为了让加九锡顺利进行,一些大"人物"需要到其府上谆谆劝导,让他接受皇帝恩赐的这个殊荣。于是,按照计划,郑冲通知阮籍写一篇劝说司马昭接受加九锡的文章。

阮籍对此事也应有所预感,他当然想按照预先计划好的要躲过去,能不写这样的文章就不写这样的文章。于是,依然按照老习惯,他采取委婉的不面对的方式:首先是"失踪",藏到别人家,但被找到了;然后,用他一贯逃避问题的方式——醉酒,当然不会起作用,因为这已经是被司空见惯了的"阮籍式"不愿意表达,已然失掉了逃避的实际功能。以往,宿醉的伎俩可以被忽略搪塞过去,但这一次是大事,当然不可能轻易脱开,醉了,扶起来也要写。于是,神笔之作就这样出现了。这个神笔的"无所点定",可想而知,阮籍心里必然是有数的,其实是在背后默默地打好了腹稿。只是,他想最好能事由己愿,没有被要求写;如果事与愿违,有人提出来要写,他

---

[1]《三国志》卷二十一裴松之注引《典略》:"琳作诸书及檄,草成呈太祖。太祖先苦头风,是日疾发,卧读琳所作,翕然而起曰:'此愈我病。'数加厚赐。太祖尝使瑀作书与韩遂,时太祖适近出,瑀随从,因于马上具草,书成呈之。太祖揽笔欲有所定,而竟不能增损。"

希望能逃避而不予面对；如果实在没有办法逃避，必须写，那就只好放弃本愿，写！

"无所点定"听上去美得如同传奇，神来之笔的背后，阮籍付出了多少心思可以想见，阮籍因为此文违背了初心本愿而带来的内心的矛盾与彷徨也可以体味。此文，后被录为《为郑冲劝晋王笺》，专门交代这是"为郑冲"而"劝"，显然是同情阮籍、体味到了其中的无奈，有意帮阮籍解脱，让郑冲来负"劝进"成文的主要责任。毕竟，对于此类"暗送秋波"之作，[1]阮籍已经竭尽全力试着逃避了。

司马昭显然很熟悉阮籍骨子里的这一性格弱点，故而有意包容。魏晋名士选择中风、醉酒、服药迷乱等方式自保的很多，贺邵还因"中恶风，口不能言，去职数月"，被孙皓怀疑，"疑其托疾，收付酒藏，掠考千所"，终被杀。[2]在当时朝野的人看来，司马昭的行为就是有意无意地"罩"着阮籍，"礼法之士疾之若仇，而帝每保护之"。对这种在别人看来是包容的行为，阮籍不表示谢意，甚至都不领情，司马昭也不在意。在某种程度上，司马昭是在有目的地纵容阮籍的任诞。

一般而言，谨慎就不会不管不顾地任诞不羁，任诞也不会时刻谨慎异常，但这两点，在阮籍身上并存。阮籍时不时以旷达示人，但稍加严肃追究，便又不得不收敛旷达以示屈服。阮籍的任诞与至慎，便是看似矛盾的两样行为。

嵇康和阮籍就像呵护稚子般呵护理想，那是他们期待的有序与自然。阮籍总是比嵇康生活得更痛苦，因为对于嵇康而

---

[1] 徐公持编著：《魏晋文学史》，人民文学出版社1999年版，第201页。
[2] （晋）陈寿：《三国志》卷六十五，（晋）裴松之注，陈乃乾校点，中华书局1959年版，第1459页。

魏晋名士的风尚与规约

言，表里如一，痛苦的是反省了但做不到，但是对阮籍而言，表里不一，痛苦在于想的是如此，做出来又是如彼。每一个人都有自己的理想，阮籍与嵇康实现之、守护之的原则不同，形成的人格精神也不同。

第四章 奢靡之风与守成之志

第一节 奢侈之竞与权力游戏

魏晋的奢靡是一场自上而普及至下的世俗潮流。

曹操以节俭为人称道,他"雅性节俭,不好华丽,后宫衣不锦绣,侍御履不二采,帷帐屏风,坏则补纳,茵蓐取温,无有缘饰。攻城拔邑,得美丽之物,则悉以赐有功,勋劳宜赏,不吝千金,无功望施,分毫不与。四方献御,与群下共之"。[1]但是,曹操在另一些方面未必如此节约,建铜雀台便颇能代表。铜雀台始建成,曹操召朝中众人欣赏清商舞曲,还"悉将诸子登台,使各为赋",不但子曹丕、曹植曾作《登台赋》,王粲、刘桢、陈琳、徐干等,都曾有登临铜雀台的相关创作。赋文作者当然借鉴了赋文"谲谏"的风格,在直抒中充满悯时悼乱之感,同时也推进了魏晋时期对音乐的更进一步奢靡享受。

曹操未及发丧出殡,曹丕就取曹操宫人自侍,与追慕其音乐流行也有关系:

---

[1] 参见《三国志》卷一裴松之注引《魏书》。

魏晋名士的风尚与规约

魏武帝崩,文帝悉取武帝宫人自侍。及帝病困,卞后出看疾。太后入户,见直侍并是昔日所爱幸者。太后问:"何时来邪?"云:"正伏魄时过。"因不复前而叹曰:"狗鼠不食汝余,死故应尔!"至山陵,亦竟不临。[1]

《世说新语》此处是为褒美卞氏,但也有两个因素值得注意:其一,曹丕对礼法规矩并不看重,故而傅玄有"魏文慕通达而天下贱守节"之评,同时也暗含了另一层意思,那就是曹丕在声乐享受方面以耳目之娱乐为主;其二,曹操宫人中擅长伎乐的大有人在,而当时由曹操而及下,其爱好既然已经发展到风靡的地步,只要能得到资源,采用何种手段可能并不是最先考虑的。魏晋时期,得他人乐伎而满足自身娱乐所需之事经常发生,曹爽私取帝"将吏、师工、鼓吹、良家子女三十三人,皆以为伎乐。诈作诏书,发才人五十七人送邺台,使先帝婕妤教习为伎",[2]石秀欲得绿珠、王敦得刘琨伎等,对铜雀台式的享受音乐歌舞的奢靡生活方式的模拟未曾中断过。

《晋书·武帝纪》载晋武帝司马炎"平吴之后,天下义安,遂怠于政术,耽于游宴,宠爱后党,亲贵当权,旧臣不得专任,彝章紊废,请谒行矣"。其实,司马炎的这些嗜好,在平吴之前端倪已现。泰始二年(公元266年)"秋七月辛巳,营太庙,致荆山之木,采华山之石,铸铜柱十二,涂以黄金,镂以百物,缀以明珠",泰始九年(公元273年)"诏聘公卿以下子女以备六宫,采择未毕,权禁断婚姻"。平吴之后,司马炎

---

[1]《世说新语·贤媛》第4则。
[2](晋)陈寿:《三国志》卷九,(晋)裴松之注,陈乃乾校点,中华书局1959年版,第284~285页。

第四章　奢靡之风与守成之志

在奢靡方面更无顾忌，最典型的几次，便有太康二年（公元281年），"诏选孙皓妓妾五千人入宫"，咸宁四年（公元278年）"十二月庚午，大阅于宣武观"，咸宁六年（公元280年）"十二月甲申，大阅于宣武观，旬日而罢"。尤其是太康年间，朝野都在宣扬天下归一的繁华景象，但实际上，这几年天灾人祸时有发生，从实质上冲击着这些奢靡享受表面下的物质基石。[1]

开国帝王倘若不能收敛，则朝内就不乏效仿者，功臣何曾就是一例。何曾在司马炎的称帝过程中可谓功劳甚重：

帝初以礼让，魏朝公卿何曾、王沈等固请，乃从之。

初，文帝以景帝既宣帝之嫡，早世无后，以帝弟攸为嗣，特加爱异，自谓摄居相位，百年之后，大业宜归攸。每曰："此景王之天下也，吾何与焉。"将议立世子，属意于攸。何曾等固争曰："中抚军聪明神武，有超世之才。发委地，手过膝，此非人臣之相也。"由是遂定。咸熙二年五月，立为晋王太子。[2]

既然如此，何曾在朝臣中的实际地位与影响力不言而喻，他自己也刻意地努力使自己成为新朝人臣的典范，拟以为天下表率：

曾性至孝，闺门整肃，自少及长，无声乐嬖幸之好。年老之后，与妻相见，皆正衣冠，相待如宾。己南向，妻北面，再拜上酒，酬酢既毕便出。一岁如此者不过再三焉。[3]

对于阮籍的种种不合礼法的行为，如箕踞啸歌、为母居丧

---

[1]（唐）房玄龄等：《晋书》卷三，中华书局1974年版，第49~88页。
[2]（唐）房玄龄等：《晋书》卷三，中华书局1974年版，第49页。
[3]（唐）房玄龄等：《晋书》卷三十三，中华书局1974年版，第997页。

魏晋名士的风尚与规约

喝酒吃肉等,何曾都公开反对,明确表明立场,不能不说,在这一方面既有标榜模范的意味,也有严格整肃的意向。但他作为具有显赫地位的朝臣代表,身上还有另外一个标签,那就是奢侈。《晋书》在叙其孝与礼之后,转而言及其奢靡:

> 然性奢豪,务在华侈。帷帐车服,穷极绮丽,厨膳滋味,过于王者。每燕见,不食太官所设,帝辄命取其食。蒸饼上不坼作十字不食。食日万钱,犹曰无下箸处。人以小纸为书者,敕记室勿报。刘毅等数劾奏曾侈忲无度,帝以其重臣,一无所问。[1]

处事方式奢侈的行为与思想渗入个体的生活方式中,很容易影响后代。何曾长子何遵"性亦奢忲,役使御府工匠作禁物";次子何劭,"而骄奢简贵,亦有父风。衣裘服玩,新故巨积。食必尽四方珍异,一日之供以钱二万为限。时论以为太官御膳,无以加之";[2]孙何绥"自以继世名贵,奢侈过度,性既轻物,翰札简傲"。[3]何曾及其子孙都如此,一方面是基于家庭地位所提供的充足物质条件,另一方面则是因为受西晋朝野上下豪奢之风的影响。当时如何曾家族成员般奢费的重臣贵要很多。如"费用无复齐限,而屑炭和作兽形以温酒"的羊琇,[4]患有"钱癖"的和峤,[5]"编钱"竟地为马

---

[1] (唐)房玄龄等:《晋书》卷三十三,中华书局1974年版,第998页。
[2] (唐)房玄龄等:《晋书》卷三十三,中华书局1974年版,第999页。
[3] (唐)房玄龄等:《晋书》卷三十三,中华书局1974年版,第999~1000页。
[4] (唐)房玄龄等:《晋书》卷九十三,中华书局1974年版,第2411页。
[5] 《晋书》卷三十四:"时王济解相马,又甚爱之,而和峤颇聚敛,(杜)预常称'济有马癖,峤有钱癖'。武帝闻之,谓预曰:'卿有何癖?'对曰:'臣有《左传》癖。'"

第四章 奢靡之风与守成之志

埒的王济。[1]甚至有些人本来还能以崇尚节俭约束自己,后来也在整个社会的熏染下开始放纵享受。如王浚本以"素业自居",但后来也转向"玉食锦服,纵奢侈以自逸"。[2]这些人中,有的因为在司马炎继位过程中起过关键作用,有的因为是国戚,有的因为平吴有功,且多出名门,他们在社会上具有相当强的号召力,其行为必然会引起朝野上下的"竞效"行为。

奢靡不是某几个人的恶习,而是成了一种自上而下的社会时尚,仿佛唯有如此,才足以显示一个统一时代的繁华与盛况。西晋续天下三分与战乱硝烟的特殊时代之后,强调物质的享受与奢华作为统一特征,必然会导致整个社会沦为畸形的发展。整个社会已经形成一种浮夸的贵胄时尚,人人争相以奢华的饮食服饰、酒色乐享作为追慕时代风气的表现,且冠以放达之名。张华《轻薄篇》对此作出描述:

末世多轻薄,骄代好浮华。志意既放逸,赀财亦丰奢。
被服极纤丽,肴膳尽柔嘉。僮仆馀梁肉,婢妾蹈绫罗。
文轩树羽盖,乘马鸣玉珂。横簪刻玳瑁,长鞭错象牙。
足下金鑮履,手中双莫邪。宾从焕络绎,侍御何芬葩。
朝与金张期,暮宿许史家。甲第面长街,朱门赫嵯峨。
苍梧竹叶清,宜城九酝醝。浮醪随觞转,素蚁自跳波。
美女兴齐赵,妍唱出西巴。一顾倾城国,千金不足多。
北里献奇舞,大陵奏名歌。新声逾激楚,妙妓绝阳阿。

---

[1]《晋书》卷四十二:"时洛京地甚贵,(王)济买地为马埒,编钱满之,时人谓为'金沟'。"
[2](唐)房玄龄等:《晋书》卷四十二,中华书局1974年版,第1216页。

155

玄鹤降浮云，鳣鱼跃中河。墨翟且停车，展季犹咨嗟。
淳于前行酒，雍门坐相和。孟公结重关，宾客不得蹉。
三雅来何迟，耳热眼中花。盘案互交错，坐席咸喧哗。
簪珥咸堕落，冠冕皆倾邪。酣饮终日夜，明灯继朝霞。
绝缨尚不尤，安能复顾他？留连弥信宿，此欢难可过。
人生若浮寄，年时忽蹉跎。促促朝露期，荣乐遽几何？
念此肠中悲，涕下自滂沱。但畏执法吏，礼防且切磋。[1]

倘若说西晋时期人们是因为人生苦短而追求浮华奢靡的享受人生，那么此时的人生苦短，与汉末时期人们感叹不能建立人生功业的慷慨悲叹完全不同。《轻薄篇》中的主人公们，慨叹的是来不及好好享受，时光便已悄然流逝；荣乐稍纵即逝，人生欢享过于短暂。享乐唯一的阻碍便是对"执法吏"的畏惧，由此才不得已而为"切磋""礼防"之事。岁月蹉跎的思想一旦用享乐与奢靡来填充，纵有沿用的魏旧法与泰始新律作为法律依据，纵有"执法吏"来严格实行国家法令，真正能起到的约束效果也极其有限。不仅如此，律令的执行失掉了法治精神与人性的考虑，很难落实到对民生的真正关注。

肆意奢费确实引起了一些人的警觉与反省，对何曾"以铜钩纫车，莹牛蹄角"，[2]都官从事刘享尝上奏匡正。"刚简有大节"而又好以文论"言成规鉴"的傅咸，也曾上书晋武帝司马炎，请禁奢靡、倡节约：

---

[1]《晋诗》卷一，见逯钦立辑校：《先秦汉魏晋南北朝诗》，中华书局1983年版，第610~611页。

[2]（唐）房玄龄等：《晋书》卷三十三，中华书局1974年版，第998页。

第四章 奢靡之风与守成之志

窃谓奢侈之费,甚于天灾。古者尧有茅茨,今之百姓竞丰其屋。古者臣无玉食,今之贾竖皆厌梁肉。古者后妃乃有殊饰,今之婢妾被服绫罗。古者大夫乃不徒行,今之贱隶乘轻驱肥。古者人稠地狭而有储蓄,由于节也;今者土广人稀而患不足,由于奢也。欲时之俭,当诘其奢;奢不见诘,转相高尚。昔毛玠为吏部尚书,时无敢好衣美食者。魏武帝叹曰:"孤之法不如毛尚书。"令使诸部用心,各如毛玠,风俗之移,在不难矣。[1]

傅咸认为全国上下已经形成了一种追求享受与浮夸外饰的奢靡风气,正确的处理方式应该是"欲时之俭,当诘其奢",提倡节约,让人们从思想上认识到奢靡之弊,对一些奢靡行为进行思想上的根治,否则就会人人以此为风尚,"奢不见诘,转相高尚",各级官吏应该从自己做起,自上而下,率而化之,从心态上杜绝奢靡。然而,刘享与傅咸所奏,并未收到任何来自朝廷的反馈。

奢靡行为只有怂恿强化的环境,却无遏制反思的环境,进一步转而成为人人争相追慕的时代风尚。"惠帝元康中,贵游子弟相与为散发裸身之饮,对弄婢妾,逆之者伤好,非之者负讥,希世之士耻不与焉。"[2]浮夸的行为发展到了"逆之者伤好,非之者负讥"的境地,依然没有被纠正与反省,足以说明整个时代都已经落入了畸形。

凭借着已经成为一种社会风尚,个体的享受欲望便于无形

---

[1](唐)房玄龄等:《晋书》卷四十七,中华书局1974年版,第1324~1325页。

[2](唐)房玄龄等:《晋书》卷二十七,中华书局1974年版,第820页。

中被无限放大,奢靡的程度与享受的资本成了人们评价个体社会地位乃至政治才能的一个重要标准。从后世理性的视角看,这种评价标准无疑要付出代价,也足以让一个本应守成的社会垮掉,但生活在统一盛景中的人们大多没有耐心去进行类似的省思与察觉。各种形式多样的炫富事件层出不穷:"于是王君夫、武子、石崇等更相夸尚,舆服鼎俎之盛,连衡帝室,布金埒之泉,粉珊瑚之树。"〔1〕而这些人,又往往是当世的执"执法吏"之牛耳者。《世说新语》专列《汰侈》记载了高贵间的斗富炫耀风尚。

《红楼梦》第四十一回详叙妙玉所用茶具之珍有:"又见妙玉另拿出两只杯来。一个旁边有一耳,杯上镌着'瓟斝'三个隶字,后有一行小真字是'晋王恺珍玩',又有'宋元丰五年四月眉山苏轼见于秘府'一行小字……"〔2〕特地强调是西晋时王恺曾经用过的,其真假或可能性等姑且搁置不予揣测,仅仅强调其珍稀,则用王恺,足见西晋时确有名士因为富甲天下而为人们所羡慕。

外戚王恺曾与石崇斗富,《世说新语》中有较为详尽的记载,列入《汰侈》:

> 王君夫以饴糒澳釜,石季伦用蜡烛作炊。君夫作紫丝布步障碧绫里四十里,石崇作锦步障五十里以敌之。石以椒为泥,王以赤石脂泥壁。
>
> 石崇为客作豆粥,咄嗟便办;恒冬天得韭蓱虀。又牛形状气力不胜王恺牛,而与恺出游,极晚发,争入洛城,崇牛数十

---

〔1〕(唐)房玄龄等:《晋书》卷二十六,中华书局1974年版,第783页。
〔2〕(清)曹雪芹、高鹗:《红楼梦》,人民文学出版社1982年版,第552页。

第四章 奢靡之风与守成之志

步后,迅若飞禽,恺牛绝走不能及。每以此三事为扼腕。乃密货崇帐下都督及御车人,问所以。都督曰:"豆至难煮,唯豫作熟末,客至,作白粥以投之。韭蓱虀是捣韭根,杂以麦苗尔。"复问驭人牛所以驶。驭人云:"牛本不迟,由将车人不及制之尔。急时听偏辕,则驶矣。"恺悉从之,遂争长。石崇后闻,皆杀告者。

石崇与王恺争豪,并穷绮丽,以饰舆服。武帝,恺之甥也,每助恺。尝以一珊瑚树高二尺许赐恺,枝柯扶疏,世罕其比。恺以示崇,崇视讫,以铁如意击之,应手而碎。恺既惋惜,又以为疾己之宝,声色甚厉。崇曰:"不足恨,今还卿。"乃命左右悉取珊瑚树,有三尺四尺,条干绝世,光彩溢目者六七枚,如恺许比甚众。恺罔然自失。[1]

以糖刷锅、以蜡烛做炊等,在今天看来,依然称得上极度浪费,是行为主体的人生价值观的体现,又是毫无普遍意义与价值的浪费。在某一种价值观里,这等同于游戏性的着意"扮酷",《晋书》将二人这种浮夸的竞富与"鸩毒之事"并列而称;[2]另一种价值观的视野里,这是实力与时尚的象征,直接指向个体的社会地位与政治影响力。

王恺出身累世名儒,祖父王朗、父亲王肃为魏、晋大儒,在当时思想界的地位不见得很高,他亟须通过一些有影响力的社会活动来重振家族声望。但他本人并没有大的作为,"历位清显,虽无细行,有在公之称"。[3]时人论及他,更重视的是

---

[1] 《世说新语·汰侈》第4、5、8则。
[2] (唐)房玄龄等:《晋书》卷九十三,中华书局1974年版,第2412页。
[3] (唐)房玄龄等:《晋书》卷九十三,中华书局1974年版,第2412页。

他作为皇亲的身份。这也就不难理解为什么时任司隶校尉的傅祗因二人斗富事件上书司马炎进行弹劾，当时"有司皆论正重罪"，而司马炎对王恺"诏特原之"。[1]在某种程度上，司马炎暗自助长王恺威风，因为这样的高调斗富，恰恰能张扬洛阳城内繁华的表象。当然，如果再加上对皇权掌控其他势力的声望有利，那就更值得支持了。

　　石崇虽然也颇受父荫，但他社会中声望的获得途径与王恺完全不同。石崇兄弟六人，长兄早卒，其父"（石）苞临终，分财物与诸子，独不及崇"。可以说，石崇的财富都是自己"打拼"出来的，他"少敏惠，勇而有谋"，入仕后常不择手段地聚财，甚至在担任荆州刺史时"劫远使商客，致富不赀"。[2]原本地位不高的石崇，通过某种特殊的打拼方式快速暴富，急于高调而张扬地炫富、组织集会来获得声望与地位。由此，石崇与王恺代表了当时贵胄两种重要的生成途径，进而彼此相轻，有一决高下的较量。

　　从实际的能力而言，仅石崇的文采，王恺就无以敌。石崇在河阳金谷有"梓泽"，人称"金谷园"，装饰极尽奢华，"金谷雅集"在此地举行，参与雅集者几乎囊括了当时的大部分文坛名士，如左思、潘岳、刘琨、陆机等，形成了一个有名的诗歌创作团体"二十四友"。对于其活动的细节与参与者的复杂身份与实际动机等，徐公持先生有专门著作予以考证论述。[3]"二十四友"的"盟主"是贾谧，或许这就是有权人和有钱人

---

〔1〕（唐）房玄龄等：《晋书》卷九十三，中华书局1974年版，第2412页。
〔2〕（唐）房玄龄等：《晋书》卷三十三，中华书局1974年版，第1004页。
〔3〕参见徐公持：《浮华人生：徐公持讲西晋二十四友》，天津古籍出版社2010年版。

第四章　奢靡之风与守成之志

赞助的著名文士的集会活动，各取所需，提升彼此声望，但这种活动对同时代的人的影响还是不容忽略的。后东晋永和九年（公元353年），王羲之组织兰亭雅集，《世说新语·企羡》载时人将其与此"金谷雅集"相并论，将王羲之与石崇并论，王"甚有欣色"。且"金谷雅集"石崇作《金谷诗序》，[1]"兰亭雅集"王羲之亦作《兰亭集序》，足以说明王羲之对金谷园中的雅集还是心有所慕的。且不论石崇与王羲之的雅集有着背景、实际目的、创作方式等方面的诸多不同，仅仅组织创作雅集活动并进行创作的行动，在与王恺的争斗中，石崇便已胜出了。

另外，石崇在兄石统事受牵连被弹劾时，作表自救称："自统枉劾以来，臣兄弟不敢一言稍自申理。戢舌钳口，惟须刑书。古人称'荣华于顺旨，枯槁于逆违'，诚哉斯言，于今信矣。是以虽董司直绳，不能不深其文，抱枉含谤，不得不输其理。"[2]已经可以见出其文学功力与处事的练达，这也是王恺所不具备的能力。

王恺与石崇这样的竞富游戏，本当不是一个守成的帝王应该参与之事。司马炎却故意助长王恺，纵容他与石崇相斗，其实暗示了帝王与世胄高门间的微妙关系。与助长王恺威风相对比，司马炎对王济的张扬炫富就颇为不满。王济与石崇是否炫富相斗，史不见载，但是与王恺的争斗，颇具戏剧性。

王君夫有牛，名"八百里驳"，常莹其蹄角。王武子语君

---

[1]《晋书》卷八十："或以潘岳《金谷诗序》方其文，羲之比于石崇，闻而甚喜。"以为潘岳作《金谷诗序》。

[2]（唐）房玄龄等：《晋书》卷三十三，中华书局1974年版，第1005页。

魏晋名士的风尚与规约

夫:"我射不如卿,今指赌卿牛,以千万对之。"君夫既恃手快,且谓骏物无有杀理,便相然可。令武子先射。武子一起便破的,却据胡床,叱左右:"速探牛心来!"须臾,炙至,一脔便去。[1]

王济以善解马意称,"杜预谓济有'马癖'",他被免官,"买地作埒,编钱匝地竟埒",其实也是在借自己独特的爱好充分表现奢侈的资本。性善解马,却对时人珍爱的驾乘工具牛并不怜惜,常以做赌注的方式杀牛为快,与其说是喜马不喜牛,不如说是故意毁坏、有意彰显。

同属王氏,王济与王恺代表的家族分支不同。王恺属山东临沂王氏,王济属太原王氏,本就有二"王"不能并立的趋势,相互较量势在必然。而王恺本人除了炫富,并没有特别之处,只是倚重司马炎的支持游走于贵戚之间,说到底,是皇权一派的代言人。王济则不同,他虽然尚常山公主,也算是皇权一系,但相对而言,作为累世旧赫的家族成员代表,与王恺介入社会的方式不同。王济对自己的贵戚身份不太在意,不用尚公主的名号照样名声斐然。他出仕后异常顺畅,"论者不以主婿之故,咸谓才能致之",说明他并不倚重于皇权而交游。他作为引领一个时代的清谈名家,既能微言析理,又颇富文采:"善易及庄老,文词俊茂,伎艺过人,有名当世","善于清言,修饰辞令,讽议将顺,朝臣莫能尚焉"。不仅如此,他本人还颇为勇武:"好弓马,勇力绝人。"朝中对王济与王恺的看法也有不同,王恺亡后,谥曰"丑";和峤认为王济"俊爽""不可屈","及其将葬,时贤无不毕至",孙楚竟作驴鸣

---

[1]《世说新语·汰侈》第6则。

第四章　奢靡之风与守成之志

以送。唐人作《晋书》，将王恺入贵戚传，称其"肆其意，所欲之事无所顾惮焉"，而王济则与王氏诸人列传，也明示了对二人能力评价的不同。可以说，王济不但不倚重皇权，还属于游离于皇权的累世士族的代表，王济射啖牛心是因"王恺以帝舅奢豪"，想代表一部分人杀杀王恺实际上毫无用处的傲气。这样看，王济与王恺的较量就不仅仅是两个富豪之间斗富那么简单了，他在代表累世大家挑战以司马炎为代表的新兴的统一皇权力量。[1]与此可呼应的是，《世说新语·汰侈》载王济也与司马炎从叔彭城王司马权赌过"快牛"，司马权因为对此牛非常珍爱，恳求王济："君欲自乘，则不论；若欲啖者，当以二十肥者代之。既不废啖，又存所爱。"王济却毫不迟疑地"遂杀啖"。有时候，王济甚至还敢挑战司马炎本人：

武帝尝降王武子家，武子供馔，并用琉璃器。婢子百余人，皆绫罗裤襹，以手擎饮食。烝豚肥美，异于常味。帝怪而问之，答曰："以人乳饮独。"帝甚不平，食未毕，便去。王、石所未知作。[2]

除了玄言清谈，王济广为人知的事，多带有一定挑战意味。他和司马炎下棋"伸脚局下"，孙皓都觉得有违君臣之礼，一方面可能是因为下棋入神，另一方面也表现出在王济的潜意识中，司马炎就是一个普通的棋弈对手。他就任途中，鞭

---

〔1〕（唐）房玄龄等：《晋书》卷四十二，中华书局1974年版，第1205~1207页。
〔2〕《世说新语·汰侈》第3则。又《晋书》卷四十二："帝尝幸其宅，供馔甚丰，悉贮琉璃器中。蒸肫甚美，帝问其故，答曰：'以人乳蒸之。'帝色甚不平，食未毕而去。"《晋书》言"以人乳蒸之"，《世说新语》言"以人乳饮豚"。

打王官而就地被免官，于是移第北芒山下，高调"编钱匝地"竞垮，毫无被免之人的惭愧内疚与畏惧内敛。[1]曹操杀崔琰，理由之一为崔琰被免官后的举动没有任何受罚之人的姿态，王济又何尝不曾知道这一旧故。尽管如此，崔琰为清河崔氏的代表人物，曹操杀之；王济作为太原王氏的代表人物，却能全身。奢靡享受的高调行为可能恰恰成了其最好的掩护。

权力与奢靡，人生中的两种重要欲望，二者形成的彼此消长的复杂关系成了社会企慕的流行风尚，社会本身的自治循环难免会出现问题。晋的速亡，固然有日趋强大的民族政权、继承帝业的不慧帝王、跋扈专权的当权王后、内心欲望膨胀的宗族王室成员等原因，但自晋初就掩饰在统一盛景中的精神空虚，也是重要的一个方面。

无尽的财富聚敛欲望才能促成豪华的享受。越是渴望财富的快速聚敛，越是会在手段上不加选择，在这一过程中，便会因为人性的贪婪而造成人性中本真部分的蒙蔽与丧失。在奢费追求享受与体面时，他者的生命往往是被忽略的。从"牛心炙"的流行可窥一二。

西晋初期贵胄出行，多以牛或羊为乘骑用具，家有快牛常常为人羡慕，权贵如王恺、司马权等都有自己视若珍宝的快牛。相应，"牛心炙"也成了一道"高贵"的"佳肴"。至于不但能享用"牛心炙"，且能享用到快牛俊宝之"心"的行为，成了时人斗富显财的标志。王济与人赌射，以千万钱与其俊牛为赌注，射杀唊心，尝一口即去，目的根本就不在吃，而在炫耀。同时，"牛心炙"也是当时一道代表名望的"高雅"

---

[1]（唐）房玄龄等：《晋书》卷四十二，中华书局1974年版，第1205~1207页。

第四章 奢靡之风与守成之志

名肴,能否享用往往又关乎人的地位与资历。《晋书·顾荣传》载:"初,荣与同僚宴饮,见执炙者貌状不凡,有欲炙之色,荣割炙啖之。坐者问其故,荣曰:'岂有终日执之而不知其味!'及伦败,荣被执,将诛,而执炙者为督率,遂救之,得免。"[1]因为被顾荣赏赐品尝了名人宴上的名菜,使得执炙者感恩不尽,故而惦念这一恩情,在关键时出手相救。"牛心炙"的食用也有严格讲究,《晋书·王羲之传》载:"羲之幼讷于言,人未之奇。年十三,尝谒周顗,顗察而异之。时重牛心炙,坐客未啖,顗先割啖羲之,于是始知名。"[2]可见,牛心炙谁可以吃谁不可以吃,谁先吃谁后吃,怎样的方式去吃等,都被赋予了严格而"高贵"的意义。

然而,王济用"速探"二字,足见"牛心炙"很可能是烹饪时越新鲜越好、越快越好,且是整块的牛心。当成为美食"牛心炙"时,人们关注更多的是烹饪的方式以及享用的形式、次序、礼节等,而对于牛本身,如牛究竟是俊物快牛还是迟钝木讷之牛,甚至与人的关系等诸方面,已完全不予以衡量。

牛的存在与生命轨迹,只是当时生命体的一个缩影,生命在特定条件下被物化,成为被炫耀的另一个与生命无关的大大小小的目标和挑战。有些牛,被贵胄视为俊物尚且如此,连俊物也不若的人的生命,终将逃脱不了被漠视的命运。欲望会驱使人侵吞生命的基本生存权利,终究,浮华的较量会由静物而至生命,由非人的生命到人的生命:

---

[1] (唐)房玄龄等:《晋书》卷六十八,中华书局1974年版,第1811页。
[2] (唐)房玄龄等:《晋书》卷八十,中华书局1974年版,第2093页。

魏晋名士的风尚与规约

刘玙兄弟少时为王恺所憎，尝召二人宿，欲默除之。令作伉，伉毕，垂加害矣。石崇素与玙、琨善，闻就恺宿，知当有变，便夜往诣恺，问二刘所在。恺卒迫不得讳，答云："在后斋中眠。"石便径入，自牵出，同车而去。语曰："少年，何以轻就人宿？"〔1〕

若以此处石崇对待刘琨兄弟的言辞行为作为他比王恺更珍视生命来看待，并不一定准确，如果生嫉者是石崇，与之善者是王恺，情形或许就会颠倒过来。颠倒过来也不能改变对个体生命持有漠然态度的事实。刘氏兄弟作为当时的名士，只不过是侥幸被挽救罢了，究其实，与那些侥幸躲过了被烤为"牛心炙"的牛没有什么不同，与那些被用来进行攀比的个人财物也没有本质的不同。与之相应，尚有一些生命连挽救的侥幸与机会都不曾得到：

石崇每要客燕集，常令美人行酒；客饮酒不尽者，使黄门交斩美人。王丞相与大将军尝共诣崇，丞相素不能饮，辄自勉强，至于沉醉。每至大将军，固不饮以观其变。已斩三人，颜色如故，尚不肯饮。丞相让之，大将军曰："自杀伊家人，何预卿事！"

王君夫尝责一人无服馀衵，因直内着曲阁重闺里，不听人将出。遂饥经日，迷不知何处去。后因缘相为，垂死，乃得出。〔2〕

---

〔1〕《世说新语·仇隙》第2则。
〔2〕《世说新语·汰侈》第1、7则。

第四章 奢靡之风与守成之志

王敦的"自杀伊家人,何预卿事",道出了对个体生命的基本看法,这些失掉生命的人只不过是"伊家人",与从属的物并无两样。这使得追求时尚与美的魏晋风度,顿时充满了杀戮的血腥。若说嵇康诸人被杀有一定的政治因素在内,曹操性恶之妓被杀咎由自取,[1]则一些平凡到连名士也够不到的生命、一些本连错的机会都不曾有的生命的陨逝,则是为了满足另一些人的奢侈欲望而已。"繁华事散""流水无情",[2]日益膨胀的奢欲已逐步向生命戕害靠拢,蔓延开来,即便贵如司马遹、贾谧、石崇、潘岳也终将失掉被珍惜与善待的机会。

作为金谷园的主人,石崇奢华殆尽。他有能歌善舞、善吹笛的绿珠,以极其奢费的形式培养,自己招致罪祸,又自谓绿珠曰,"我今为尔得罪"。绿珠以死示贞,自投于楼下,看起来忠贞程度与《列女传》中的贞洁烈妇无二。但换一个视角,不难发现,无论石崇如夸耀财富般炫耀奢费,培养了身怀绝技的宠伎绿珠,还是落魄不能自保而期望绿珠自我了断,绿珠始终都只不过是一个存有物化性质的标志而已。倘若石崇真的天真地将自己命运的陨落归罪于一个宠养着的女子,那说明他其实也没有能力去左右自己的生命。石崇、绿珠,与那些曾经因行酒而被杀掉的美人、被关在王恺的深闺内几近饿死的人之间,本质上区别并不大,始终逃不过牛被杀而为"牛心炙"的命运。更富戏剧性的是,石崇被杀后不久,谋划这一切的"不知书"的司马伦与"奸人之雄"孙秀也被收斩,终究都成

---

[1]《世说新语·忿狷》第 1 则:"魏武有一妓,声最清高,而情性酷恶。欲杀则爱才,欲置则不堪。于是选百人,一时俱教. 少时果有人声及之,便杀恶性者。"

[2] 杜牧《金谷园》曰:"繁华事散逐香尘,流水无情草自春。"

了权力他者的"牛心炙"。所有的人都在最终化为"牛心炙"的戏剧性表演中收场,让整个社会失去了基本的温度与普遍规则。

奢靡的享受仅仅满足于物欲,不分贵贱,无论身份。太子司马遹之死与贾谧被诛,既是当时的政治事件,本质上也是争豪显奢面前人生命的毫无悯恤的冷漠的必然结果。贾谧因与惠帝贾皇后的特殊关系,在元康年间最为得意,自然也成了欲求功名的名士们追慕膜拜的对象。贾谧与太子司马遹关系又极其微妙。《晋书·愍怀太子传》载二事:

> 太子时年五岁,牵帝裾入暗中。帝问其故,太子曰:"暮夜仓卒,宜备非常,不宜令照见人君也。"由是奇之。
> 尝从帝观豕牢,言于帝曰:"豕甚肥,何不杀以享士,而使久费五谷?"帝嘉其意,即使烹之。因抚其背,谓廷尉傅祇曰:"此儿当兴我家。"尝对群臣称太子似宣帝,于是令誉流于天下。[1]

晋武帝司马炎认为司马遹像自己的爷爷司马懿般有机辨,常称"此儿当兴我家"。从一个简单的"兴家"评述,我们似乎可以依稀看到司马炎对立储安排的忧虑。《晋书》认为司马炎"知惠帝弗克负荷,然恃皇孙聪睿,故无废立之心",不无道理。但是,司马遹长大些后却并未能"兴家",他后园游戏、讲忌讳、好贩卖。"爱坤车小马,令左右驰骑,断其鞅勒,使堕地为乐。或有犯忤者,手自捶击之。性拘小忌,不许缮壁修墙,正瓦动屋。而于宫中为市,使人屠酤,手揣斤两,

---

〔1〕(唐)房玄龄等:《晋书》卷五十三,中华书局1974年版,第1457页。

轻重不差。其母本屠家女也，故太子好之。又令西园卖葵菜、蓝子、鸡、面之属，而收其利。"太子舍人杜锡劝多了，司马遹就让人在其坐毡中放针扎以泄愤。[1]这种前大智后大愚的行为，我们可以认为是因为贾后故意派人教唆，也可以认为是司马遹为了在贾皇后的罗网中求得生存，故作颓废状而已。总之，贵为太子，司马遹实际上并不"贵"，以致贾谧能与其争婚姻：

初，贾后母郭槐欲以韩寿女为太子妃，太子亦欲婚韩氏以自固。而寿妻贾午及后皆不听，而为太子聘王衍小女惠风。太子闻衍长女美，而贾后为谧聘之，心不能平，颇以为言。[2]

一段有关谁能娶到貌美妻子的争斗，实则是两个代表了不同身份、不同政治立场的年轻人有关权力与欲望的较量。这件事是有预谋还是偶然，不得而知，但是从贾后一贯的做法看，故意如此也不是没有可能。贾后对司马遹的恨原本无须贾谧去煽动。可想"中护军赵俊请太子废后"，这样的密谋必然是要传出去，而且要传到人皆尽知方肯罢休。

潘岳所拟之文，从直接感官上，就是一篇"取命文"，满篇的杀戮已经取代了群臣礼序与父子亲情：

陛下宜自了；不自了，吾当入了之。中宫又宜速自了；不了，吾当手了之。并谢妃共要克期而两发，勿疑犹豫，致后患。茹毛饮血于三辰之下，皇天许当扫除患害，立道文为王，蒋为内主。愿成，当三牲祠北君，大赦天下。要疏如律令。[3]

---

[1]（唐）房玄龄等：《晋书》卷五十三，中华书局1974年版，第1458页。
[2]（唐）房玄龄等：《晋书》卷五十三，中华书局1974年版，第1458页。
[3]（唐）房玄龄等：《晋书》卷五十三，中华书局1974年版，第1459页。

这当然是要置司马遹于死地的节奏，越狠越好。潘岳作为一个被人们认为理应有良知的文人，无奈地写完满篇杀戮的文字，究竟是杀戮的主刀者还是挨刀人？反观之，无论生命的贵贱亲疏，都可以用杀戮的形式去对待。

　　贾后掌实权的元康年间，在宫内大开杀戒，先后杀死杨皇后、杨皇后母、太子司马遹等人，手段并不高明，都是一眼便能看穿的伎俩，但极为肆虐。司马伦、孙秀恰恰利用了她的这些弱点作为谋权的切口，又展开了另一场密谋，废贾后，诛贾谧。于是，在诸王族显贵的生命陨落中，一场场面极其宏大、历时近七年的生命戕害的帷幕渐张。

　　追求奢靡的物欲与追求权力的贪婪，会吞噬人们作为人的起码良心，失掉对待生命的基本的怜悯与体恤。从一头普通的牛到作为俊物的牛，从一个普通人的生命到名士的生命乃至帝王贵胄的生命，在奢侈贪欲之竞的与权力游戏的吞噬中都终将失去区别的价值意义。

第二节　嵇喜之忐与嵇绍之忠

　　嵇喜可能不是嵇康唯一的兄长。嵇康字叔夜，"叔"在古代具有排行较小之意，至少上有孟仲，排行在第三。[1]由此看，则嵇康《思亲诗》以及"母兄见骄""吾新失母兄之欢，意常凄切"（《与山巨源绝交书》）等所言及的"兄"，可能不指嵇喜，而是指对于嵇康而言如父般的长兄。对其描摹多见

---

〔1〕《左传·隐公元年》："惠公元妃孟子。"孔颖达疏："孟仲叔季，兄弟姊妹长幼之别字也，孟、伯俱长也。"又《说文解字·子部》："季，少称也。"段玉裁注："叔季皆谓少者，而季又少于叔。"

第四章 奢靡之风与守成之志

于嵇康追怀诗文,但几乎不见史书载其事迹,这又更进一步印证了这个家庭经济虽然不拮据,但在当时的政治地位与社会影响可能并不显赫。因此,母兄只是保障了嵇康与嵇喜没有生活艰难与心理重负,而提升家族地位与声誉,恰恰是嵇喜与嵇康继兄长之后共同面对的现实问题。

嵇康在《与山巨源绝交书》中强调自己"不涉经学"。其实,成长在当时的儒学世家,完全"不涉经学"并不可能。一方面,嵇康多少有一些谦虚的成分,没有几个人会在公开的给友人的书信中颇为自负地直接说自己对经学涉猎尤多,程度很高;另一方面,《与山巨源绝交书》本意在于与出仕绝,有所夸大强调也未可知。可见,嵇康所言"不涉经学",与其说是强调家庭教育本就如此,不如说是在强调"长"成以后的理性选择。魏晋时期,家族家风的继承与延续是家族发展过程中极其重要的部分,也是人物评价的重要条件之一,很多人都自觉地以家风传承为求学、立身的首要选择,嵇康偏偏宣称自己与家世儒学的家风传统相脱离,显然是有所选择的结果。

家风需要传承人。作为儒学世家的继承人,在当时还是比其他人更有机会获得仕途和其他品评方面的资源优势。从嵇康对长兄的怀念与追思看,这位长兄不但承担着家族的经济重任,很可能还要为家风的传承做出努力。长兄去世后,"顶梁柱"的重任自然地落到了嵇喜肩上,包括"家世儒学"如何传承下去的重任。嵇康虽然时已成年,[1]但两位哥哥先后承担传承重任,他没有一定将继承家业作为自己的人生目标的负重。这是他性格形成的"小环境",也是构成他人生哲学的前提。

---

[1] 其时嵇康已经38岁。参见刘志伟:"嵇康兄弟之谜与兄弟关系考辩",载《西北师大学报(社会科学版)》1995年第1期。

另一方面，一个家族的家风传统需要创新变革才能保持地位。入魏以来"魏文慕通达"，正始年间王弼、何晏兼通儒道，在这些影响下，儒学不再是决定一个家族社会地位最重要的因素，多元风尚出现，谈玄析理逐步受到青睐。嵇氏家族也需要有人完成家风的多元发展与转向，提升影响力。而嵇康与嵇喜恰恰可以构成互补，为家族地位的攀升做储备。这种家风传承互补并进的模式在后来很多家族代表人物的布局中重现，如入晋后的孙绰兄弟、南下后的谢氏兄弟等。

"不涉经学"是嵇康自己的总结，"学不师授"是嵇喜作为兄长对嵇康所接受的文化教育的过程做出的总结。嵇康强调的是选择结果，嵇喜强调的是学习过程。以"学不师授"为前提，所受文化教育必然也较为松散。嵇喜强调了嵇康接受教育并不一定存在家庭的责任，所以嵇康的所学都是主动选择的结果，这与嵇康所言并无二致。

但这并不代表二人的人生观就是一致的。

《晋书·嵇康传》载："（康）兄喜，有当世才，历太仆、宗正。"[1]《三国志·王粲传》注引《嵇氏谱》："（康）兄喜，字公穆，晋扬州刺史。"[2]嵇喜历任国府司马、江夏太守、扬州刺史、徐州刺史、太仆、宗正等。[3]嵇喜从家庭中得到的呵护与宠溺是否也如嵇康一般，不得而知。但很明显，他与嵇康在相同的环境中，实现自我价值的理想不同。

---

[1]（唐）房玄龄等：《晋书》卷四十九，中华书局1974年版，第1369页。

[2]（晋）陈寿：《三国志》卷二十一，（晋）裴松之注，陈乃乾校点，中华书局1959年版，第605页。

[3] 嵇喜事散见《三国志》《晋书》等，沈玉成先生《嵇喜事迹》对嵇喜生平做了简要考述。参见沈玉成：《沈玉成文存》，中华书局2006年版，第254页。

第四章 奢靡之风与守成之志

嵇康今存诗歌中有关嵇喜有《兄秀才公穆入军赠诗十九首》,[1]表达了深厚情谊,一而再再而三地诉说离别愁绪,同时,也谈到了各自的志向。其五言如下:

双鸾匿景曜,戢翼太山崖。抗首漱朝露,晞阳振羽仪。长鸣戏云中,时下息兰池。自谓绝尘埃,终始永不亏。何意世多艰,虞人来我疑。云网塞四区,高罗正参差。奋迅势不便,六翮无所施。隐姿就长缨,卒为时所羁。单雄翻孤逝,哀吟伤生离。徘徊恋俦侣,慷慨高山陂。鸟尽良弓藏,谋极身必危。吉凶虽在己,世路多岭巇。安得反初服,抱玉宝六奇。逍遥游太清。携手长相随。[2]

诗中能见出二人情感的笃厚,从一定程度上也反映出了二人曾经志趣颇为接近。本为有一定意气相投的"双鸾",蓄势待发却恰不能逢时,只能双双藏匿于阴影,羁绊于世俗。这种"奋迅势不便,六翮无所施"的状态,或许正是长兄犹在,二人均不用为生计奔波劳心时的心态与志愿的描摹。但是,终于因各种时局变化与人事变故,二人中有一人决意"孤逝"。"举秀才"是当时选官的一种,意味着自此出仕。嵇喜举秀才的具体年月不可考,以"秀才"身份初入军所从事的具体事务也不可考。但很明显,对于整个出仕过程,留守"单雄"嵇康的感情极其复杂,既有深深的眷恋、不舍、伤感,感叹自此"生离",又有委婉的谆谆劝诫与叮咛,同时,还有对重回

---

〔1〕 关于此诗所赠对象,有不同说法。《文选》李善注以为赠嵇喜,张铣注以为是赠弟。《嵇康集校注》以为19首"非尽为赠兄弟之诗"。
〔2〕 (三国·魏)嵇康:《嵇康集校注》,戴明扬校注,中华书局2015年版,第5页。

昔日曾经共有的志趣的一线希冀。

《北堂书钞》卷六八引《嵇喜集》："晋武为抚军，妙选官属，以喜为功曹也。"司马炎任中抚军的时间，约在景元元年（公元260年），任抚军大将军为元熙元年（公元265年）。此间，身为大将军的司马昭，经过对朝廷晋爵晋公、加位相国、备礼崇锡等荣誉的三次辞让，终于于景元五年（公元264年）晋爵晋公，次年封晋王。司马炎以中抚军身份"副贰相国事，以同鲁公拜后之义"，逐步稳定地位，先为世子，拜抚军大将军，转而及太子。[1]在这样一系列的过程中，司马炎"妙选官署"，不见得就是初开府遴选幕僚，但确是在逐步落实权力的过程中，选任信得过的人，羊琇、应贞等人都是在这时被精心遴选提拔起来的。[2]由此看，司马炎对嵇喜是有充分信任感的，而且，嵇喜能在这样的关键时期被委以任职，充分说明嵇喜也是有实际能力的。

至元熙二年（公元266年），司马昭去世，又有司马嵇喜循循劝诫司马攸事。这时嵇喜很可能不是司马攸的司马，而是司马昭府的司马。司马攸时封安昌侯，卫将军，尚未开府辟召，西晋"诸公及开府位从公加兵者，增置司马一人，秩千石；从事中郎二人，秩比千石；主簿、记室督各一人；舍人四人；兵铠、士曹、营军、刺奸、帐下都督，外都督，令史各一人。主簿已下，令史已上，皆绛服。司马给吏卒如长史，从事中郎给侍二人，主簿、记室督各给侍一人。其余临时增崇者，则褒加

---

[1]《三国志·魏书·陈留王奂纪》："九月戊午，以中抚军司马炎为抚军大将军。"《晋书·武帝纪》及《太平御览》卷一四八引王隐《晋书》略同。

[2]《晋书·羊琇传》："及帝为抚军，命琇参军事。"《晋书·应贞传》："晋武帝为抚军大将军，以贞参军事。"

第四章　奢靡之风与守成之志

各因其时为节文，不为定制"。[1]又《晋书》载景元四年（公元264年）春"诏大将军府增置司马一人，从事中郎二人，舍人十人"。[2]有可能嵇喜也是由于这次增置而为司马昭府司马。

嵇喜被妙选功曹，嵇康赠秀才入军，很可能就是在景元年间与嵇喜的互相赠答（公元260年左右）。足见，嵇康赠嵇喜的这些诗歌，其实能体现出嵇康作为个人思想已经颇为成熟的成年人，在出仕之前与嵇喜的实际关系。这样的表达在其四言诗歌中也很多。

> 嗟我征迈，独行踽踽。仰彼凯风，涕泣如雨。
> 所亲安在，舍我远迈。弃此荪芷，袭彼萧艾。
> 思欲登仙，以济不朽。揽辔踟蹰，仰顾我友。
> 思我良朋，如渴如饥。愿言不获，怆矣其悲。
> 目送归鸿，手挥五弦。俯仰自得，游心太玄。
> 嘉彼钓叟，得鱼忘筌。郢人逝矣，谁与尽言。
> 旨酒盈樽，莫与交欢。鸣琴在御，谁与鼓弹。
> 仰慕同趣，其馨若兰。佳人不存，能不永叹。
> 身贵名贱，荣辱何在。贵得肆志，纵心无悔。[3]

倘若是平日里"道不同，不相为谋"的两人，其实用不着用如此多的篇幅表达自己的情绪，更没有必要通过这么多意象的比较反反复复比喻亲近关系。再反观什么样的人才值得嵇康这样去做，可能主要的原因不在于这个人是兄长，而在于这

---

[1]（唐）房玄龄等：《晋书》卷二十四，中华书局1974年版，第727页。
[2]（唐）房玄龄等：《晋书》卷二，中华书局1974年版，第38页。
[3]（三国·魏）嵇康：《嵇康集校注》，戴明扬校注，中华书局2015年版，第9~28页。

个人是相知:"郢人逝矣,谁与尽言","仰慕同趣,其馨若兰。佳人不存,能不永叹"。兄弟二人在相处之的岁月里,肯定有较为深入的思想交流,在很多方面还颇有共同语言,才能如此默契。与作为生活和物质依赖的长兄相比,嵇喜与嵇康所具有的精神世界的彼此交流与共鸣更多。相应的,嵇喜也作有一定数量的诗作赠答嵇康:[1]

> 华堂临浚沼,灵芝茂清泉。仰瞻春禽翔,俯察绿水滨。
> 逍遥步兰渚,感物怀古人。李叟寄周朝,庄生游漆园。
> 时至忽蝉蜕,变化无常端。
> 君子体变通,否泰非理。当流则蚁行,时逝则鹊起。
> 达者鉴通机,盛衰为表里。列仙徇生命,松乔安足齿。
> 纵躯任世度,至人不私己。
> 达人与物化,无俗不可安。都邑可优游,何必栖山原。
> 孔父策良驷,不云世路难。出处因时资,潜跃无常端。
> 保心守道居。睹变安能迁。
> 饰车驻驷,驾言出游。南厉伊渚,北登邙丘。
> 青林华茂,青鸟群嬉。感悟长怀,能不永思?
> 永思伊何,思齐大仪。凌云轻迈,托身灵螭。
> 遥寄芝圃,释辔华池。华木夜光,沙棠离离。
> 俯漱神泉,仰吮琼枝。结心皓素,终始不亏。[2]

---

[1] 韩格平先生认为嵇康先写五言诗赠别,嵇喜写三首五言诗作答;因其中见出二人志向完全不同,嵇康又写四言诗赠嵇喜,嵇喜回赠了一首四言诗,最后嵇康又写一首四言诗歌,三赠嵇喜。参见韩格平:《竹林七贤诗文全集译注》,吉林文史出版社1997年版,第298页。

[2] (三国·魏)嵇康:《嵇康集校注》,戴明扬校注,中华书局2015年版,第31~34页。

第四章 奢靡之风与守成之志

兄弟相别，应重在依依惜别，感念旧日相处，期待他日再聚。而嵇喜兄弟的赠别则不止如此。嵇康虽然有"单雄翩独逝，哀吟伤生离"，"所亲安在，舍我远迈"，以至于"独行踽踽""涕泣如雨"的离别愁绪，但更注重的是叮嘱"隐姿就长缨，卒为时所羁"，"鸟尽良弓藏，谋极身必危"，"世路多崄巇"的仕路之险，强调自己所坚持的"自谓绝尘埃。终始永不亏"，"逍遥游太清"，"目送归鸿，手挥五弦。俯仰自得，游心太玄"的人生理想。嵇康对于出仕谋生的这些看法，皆发自内心，实际上也是一种情亲之间的告诫与发省。但是，嵇康的人生理想，嵇喜不赞同，所以他又劝嵇康"达人与物化，无俗不可安。都邑可优游，何必栖山原"，表达自己"君子体变通，否泰非常理。当流则蚁行，时逝则鹊起"，"思齐大仪"的人生态度。嵇喜认为做一番事业，才是实现人生价值，才是真正的不以私利，虽然俗气，总不至于对社会没有价值。兄弟二人，情亲真实而质朴，对同游之忆毫不遮掩，但志趣与实现心志的方式却不同，且都不愿放弃自己的人生理想而趋同对方。

嵇喜不主张"栖山原"的人生状态，而是希望能"思齐大义"，他努力践行的是一种与嵇康理想不同的人生。他继承家学，为家人提供生活保障，立志于出仕与功业。从这个角度来讲，嵇喜只是比嵇康感受到的责任更重。嵇康的朋友们多倾向于仰慕其风神潇洒的风度与才华横溢的气质，认定了嵇喜所处的圈子都是求苟且生存的平庸辈，人生态度俗不可耐。

嵇康与吕安善，每一相思，千里命驾。安后来，值康不在，喜出户延之，不入，题门上作"凤"字而去。喜不觉，犹以为欣故作。"凤"字，凡鸟也。

安尝从康，或遇其行。康兄喜拭席而待之，弗顾，独坐车中。康母就设酒食，求康儿共与戏。良久则去，其轻贵如此。（刘孝标注引干宝《晋纪》）[1]

这两件事很可能都发生在嵇喜尚未出仕时，不仅不能说明嵇喜驽钝，恰恰相反，却证实了嵇喜的憨厚为人与宽广胸襟。吕安本不期而至，嵇喜代弟为主"出户延之"，按年龄、论辈分、拜访的方式，嵇喜可能完全可以不这样殷勤地搭理吕安，但吕安是弟弟任性的志同道合、志趣相投的朋友。而对于吕安所题，"喜不觉，犹以为欣故作"，这里的"不觉"与"欣"，若做愚钝而不知解，并不完全妥当。从作答嵇康诗、作《嵇康别传》等看，嵇喜不至于驽钝到毫无察觉。他只是打心底里不太想追究罢了。吕安的两次行为，在嵇喜看来，与那个有点任性和固执的弟弟如出一辙。弟弟的这位朋友"求康儿共语戏"，跟一个不满10岁的孩子相谈甚欢，他本人与一个童心未泯的大孩子又有什么区别？从心理年龄上又能成熟到什么程度？弟弟的朋友与自己耍耍个性、玩一些故作矜持的把戏，视若无睹就可以过去了。这也是儒家温、恭、让的处事方式。倘若是另一些人，嵇喜多少便会有一些情绪：

嵇喜字公穆，历扬州刺史，康兄也。阮籍遭丧，往吊之。籍能为青白眼，见凡俗之士，以白眼对之。及喜往，籍不哭。见其白眼，喜不怿而退。康闻之，乃赍酒挟琴而造之，遂相与

---

[1]《世说新语·简傲》第4则。

第四章 奢靡之风与守成之志

善。[1]

对待吕安可以如同大人对待倔脾气的孩子一般视若无睹，当比自己还年长的阮籍也用眼神暗示鄙夷时（且先不论阮籍偏偏为何就要对嵇喜施以青白眼），他就明确表达出了"不怿"的情绪。尽管如此，嵇喜的态度依然十分温和，并未表现出任何激进或报复心态。

嵇喜的这些表现，不见得就是不如嵇康、阮籍、向秀等人。恰恰是父亲早逝，嵇喜作为兄长的宽容。他非但不是目不识"凤"、眼不识人，而且识人至深，充分了解一个人在社会中的身份与品质。尤其是司马昭去世后劝诫司马攸一事，更能表现出他在人事方面的成熟。《晋书·马攸传》载魏咸熙二年：

> （攸）居文帝丧，哀毁过礼，杖而后起。左右以稻米干饭杂理中丸进之，攸泣而不受。太后自往勉喻曰："若万一加以他疾，将复如何！宜远虑深计，不可专守一志。"常遣人逼进饮食，司马嵇喜又谏曰："毁不灭性，圣人之教。且大王地即密亲，任惟元辅。匹夫犹惜其命，以为祖宗，况荷天下之大业，辅帝室之重任，而可尽无极之哀，与颜闵争孝！不可令贤人笑，愚人幸也。"喜躬自进食，攸不得已，为之强饭。喜退，攸谓左右曰："嵇司马将令我不忘居丧之节，得存区区之身耳。"[2]

---

[1]《世说新语·简傲》第4则刘孝标注引《晋百官名》，第769页。
[2]（唐）房玄龄等：《晋书》卷三十八，中华书局1974年版，第1130页。

司马攸小字桃符,是司马炎的亲弟弟,过继于司马师为嗣,故而司马昭为晋王,"攸特为文帝所宠爱,每见攸,辄抚床呼其小字曰'此桃符座也',几为太子者数矣"。司马攸"才望出武帝之右",故而亲生父母对他的命运都有过担忧:"及帝寝疾,虑攸不安,为武帝叙汉淮南王、魏陈思故事而泣。临崩,执攸手以授帝。"其母临崩,"亦流涕谓帝曰:'桃符性急,而汝为兄不慈,我若遂不起,恐必不能相容。以是属汝,勿忘我言'"。司马攸"以礼自拘,鲜有过事"。在朝野中颇具声望,以致晋武帝司马炎晚年,一些大臣(如卫瓘等)都力荐立司马攸为太子,但终未能如愿。[1]

古人居丧,其实不是一定越哀痛越好。《礼记·曲礼》:"居丧之礼,头有创则沐,身有疡则浴,有疾则饮酒食肉,疾止复初。不胜丧,乃比于不慈不孝。"[2]司马攸为司马昭居丧"哀毁过礼",其实已经做得过了,故而嵇喜用恳切的方式劝诫他。此事更进一步说明嵇喜是一个深谙与人交往规则的人,有所容有所不容,有所言有所不言,有所拒有所不拒。嵇喜并不驽钝愚昧,他知道怎样的人不信任自己,怎样的人与自己并不有相通的心志,同样,他也知道怎样的人与自己一样,能用自己的一套言语说服。

嵇喜"有当世才"还表现在武功建树方面:

> (泰始十年)吴将孙遵、李承帅众寇江夏,太守嵇喜击破

---

[1] (唐)房玄龄等:《晋书》卷三十八,中华书局1974年版,第1119~1141页。

[2] (清)孙希旦:《礼记集解》,沈啸寰、王星贤点校,中华书局1989年版,第76页。

之。立河桥于富平津。[1]

(太康三年)吴故将莞恭、帛奉举兵反,攻害建邺令,遂围扬州,徐州刺史嵇喜讨平之。[2]

这些建树虽然是在嵇康被杀以后,但也能再次印证嵇喜并不是一个平庸愚钝之人。而嵇康入狱见杀,虽然太学士三千人声势浩大,嵇喜作为家人,却未见施救的记载。这与他敏锐而深刻的观察世事的能力不无关系:他能意识到问题的根本,明了施救的结果。嵇康旧游中,山涛、王戎诸人,也都偃旗息鼓,充分说明大家可能已有共识,也都心知肚明。嵇喜作为家人,不是哀怨烦郁,而是做了更能体现出对兄弟之志有所认可的事——携琴而来。《世说新语》刘注引《文士传》载临刑东市时:

康颜色不变,问其兄曰:"向以琴来不邪?"兄曰:"以来。"[3]

一个了解自己弟弟到怎样程度的兄长才能在这种时候带去弟弟表达心志最需要的琴!一个怎样信任兄长的弟弟才能在这种时候提及看起来与生命无关紧要的问题。这种默契需要彼此长期而深刻的了解,建立在彼此尊重与深刻交流的基础之上。此时的嵇喜,明显就是嵇康最信赖的人,当然也不是嵇康眼中俗不可耐之人。

嵇康被杀后,向秀诸人都默默出仕,言"巢、许狷介之

---

[1] (唐)房玄龄等:《晋书》卷三,中华书局1974年版,第64页。
[2] (唐)房玄龄等:《晋书》卷三,中华书局1974年版,第74页。
[3] 《世说新语·雅量》第2则。

士，不足多慕"，对嵇康的所言所行不再追慕，也不再论及。而嵇喜，却帮助了那些与弟弟同样行为傲散的人。《晋书·贺循传》载贺循的出仕经历，"刺史嵇喜举秀才，除阳羡令"。嵇喜用自己的实际行动表明了他对弟弟不仅不反对，而且能够理解并支持。嵇喜是一个胸有全局的人，也许他知道怎样包容一个人、一些事，杀戮才会少一些，思想才会统一一些，天下才会安定一些。倘若真是如此，则嵇喜的思想又不比阮籍、向秀等人肤浅俗气，在当时也更可贵。嵇喜一方面继续自己的"当世"理想，尽管这个理想与弟弟的理想并不统一；另一方面，又专门为这个不羁的弟弟立传，传文平静而不夸张：

> 家世儒学，少有俊才，旷迈不群，高亮任性，不修名誉，宽简有大量。学不师授，博洽多闻，长而好老、庄之业，恬静无欲。性好服食，尝采御上药。善属文论，弹琴咏诗，自足于怀抱之中。以为神仙者，禀之自然，非积学所致。至于导养得理，以尽性命，若安期、彭祖之伦，可以善求而得也；着养生篇。知自厚者所以丧其所生，其求益者必失其性，超然独达，遂放世事，纵意于尘埃之表。撰录上古以来圣贤、隐逸、遁心、遗名者，集为传赞，自混沌至于管宁，凡百一十有九人，盖求之于宇宙之内，而发之乎千载之外者矣。故世人莫得而名焉。[1]

《嵇康别传》情感中正而诚恳，风格客观而严谨，在静态的描述中让人读来深深感慨。所言及的问题，比向秀《思旧

---

[1] （晋）陈寿：《三国志》卷二十一，（晋）裴松之注，陈乃乾校点，中华书局1959年版，第605页。

第四章 奢靡之风与守成之志

赋》要理性且直接，又一次说明嵇喜之文才。他宽容而厚道，默默支持、保护、包容、成就嵇康。康之清峻，用生活化的语调说出来，其实就是为了追求理想而对生活未能承担主要责任，而嵇喜对事对人，包括自己的亲人、同僚、工作，都有一种温柔敦厚而又无怨无悔的担当。与嵇康、吕安、向秀诸人"不虑家之有无"的"拔俗之韵"相比，[1]嵇喜显得很平凡、很生活化、很平庸，他记得家族的责任，记得关照他人，记得自己是国家的一分子。有兄如是，嵇康生活才可能没有经济负担、没有责任负重，才可能潇洒地超俗清峻。有仕者如是，国家才能多一份安宁与稳定。

嵇喜对嵇康后期生活和哲学观念的养成非常重要，正是这样的家庭支柱的接替人，默默地包容了一个本来就任性不羁的弟弟，呵护他清而峻的性格，甚至更直接地放纵他，让他始终都保持特立独行的心态与人格。这时，再回过头去读他们的赠答诗，我们就不会嘲笑嵇康对嵇喜的手足之情是嵇康的羁绊或者不豪迈。试想如果从一个家庭的角度，我们今天又有多少人能如嵇喜包容嵇康般包容自己的家人，包容如嵇康这样清高、孤立的亲人、朋友。

与嵇喜同样，嵇康子嵇绍也在父亲被杀多年后选择了出仕。

嵇康置身于缧绁，从某种角度看是过于信任他人。吕安兄弟之间不睦，过在吕巽，吕巽所为，至少在秦代以降，律令一直都有规约。《史记·秦始皇本纪》载："防隔内外，禁止淫泆，男女絜诚。夫为寄豭，杀之无罪，男秉义程。"司马贞索

---

[1]《世说新语·言语》第18则刘孝标注引《向秀别传》。

魏晋名士的风尚与规约

引:"豭,牡猪也。言夫淫他室,若寄豭之猪也。"〔1〕这是对丈夫提出的"男秉义程"的要求,如果超越了这个规定,虽不言及由谁来"杀之",但"杀之"都可以免于刑。顾炎武以为这是为了针对春秋战国以来的"不复禁其淫佚"的现象,而"始皇为之厉禁,而特着于刻石之文","秦之任刑虽过,而其坊民正俗之意固未始异于三王也"。〔2〕《搜神记》卷十六记载了汉交州刺史何敞处理的一则个案。亭长龚寿持苏娥而言"少年爱有色,冀可乐也",遭苏娥反抗而杀苏娥与婢女,苏娥魂魄告于何敞,何敞"遣吏捕捉,拷问,具服",则"寿父母兄弟,悉捕系狱"。处罚的结果是:"敞表寿,常律,杀人不至族诛,然寿为恶首,隐密数年,王法自所不免。令鬼神诉者,千载无一,请皆斩之,以明鬼神,以助阴诛。上报听之。"〔3〕与之可互补的是,曹操议复肉刑,陈群对答称:"若用古刑,使淫者下蚕室,盗者刖其足,则永无淫放穿窬之奸矣。"〔4〕北魏对这种行为的处罚更为严重:"男女不以礼交,皆死。"北魏宗室元愿平,"恶悖日甚"但都能因宗室子弟的身份大不了免官了事,且又"拜通直散骑常侍、前将军",但"坐裸其妻王氏于其男女之前,又强奸妻妹于妻母之侧",则依"御史中丞侯刚案以不道,处死,绞刑",即便侥幸遇赦免,也黜为员外常侍至卒。〔5〕

---

〔1〕 (汉)司马迁:《史记》卷六,(南朝·宋)裴骃集解,(唐)司马贞索隐,(唐)张守节正义,中华书局1959年版,第262、263页。

〔2〕《日知录》卷十三。

〔3〕 (晋)干宝:《搜神记》,汪绍楹校注,中华书局1979年版,第194页。

〔4〕 (晋)陈寿:《三国志》卷二十二,(晋)裴松之注,陈乃乾校点,中华书局1959年版,第634页。

〔5〕 (北齐)魏收:《魏书》卷十九,中华书局1974年版,第519页。

第四章 奢靡之风与守成之志

魏晋风度对涉及这种问题的"淫者",不是没有底线。至东晋,虽然人们观伎听声,但依然很是戒备。《世说新语·任诞》载:"有人讥周仆射与亲友言戏,秽杂无检节。周曰:'吾若万里长江,何能不千里一曲!'"刘孝标对此所谓"秽杂无检节"的行为,引邓粲《晋纪》以为注:

> 王导与周顗及朝士诣尚书纪瞻观伎。瞻有爱妾,能为新声。顗于众中欲通其妾,露其丑秽,颜无怍色。有司奏免顗官,诏特原之。[1]

周顗以敢言正直出名,但因酒后的"秽杂"行为,忤于法被弹劾,由周顗为自己强争力辩的言辞看,这一行为确实为名士所不齿。

故而对于吕氏兄弟的萧蔷内讧,起初,作为二人朋友的嵇康从息事宁人的角度出发协助调和。吕巽后来依靠了钟会,以"挝母"的罪名下吕安于狱,嵇康对此事是不能容忍的,故而作绝交之言:

> 康白:昔与足下年时相比,以故数面相亲,足下笃意,遂成大好,由是许足下以至交,虽出处殊途,而欢爱不衰也。及中间少知阿都,志力开悟,每喜足下家复有此弟。而阿都去年,向吾有言,诚忿足下,意欲发举,吾深抑之,亦自恃每谓足下不(得)迫之,故从吾言。间令足下,因其(顺吾,与之)顺亲。盖惜足下门户,欲令彼此无恙也。又足下许吾,终不击都,以子父(交)为誓,吾乃慨然感足下重言,慰解

---

[1]《世说新语·任诞》第25则。

魏晋名士的风尚与规约

都,都遂释然,不复兴意。足下阴自阻疑,密表击都,先首服诬都,此为都故信吾,(吾)又(非)无言,何意足下苞藏祸心耶?都之含忍足下,实由吾言。今都获罪,吾为负之。吾之负都,由足下之负吾也。怅然失图,复何言哉!若此,无心复与足下交矣。古之君子,绝交不出丑言。从此别矣!临书恨恨。嵇康白。[1]

嵇康是一个谨言慎行的人,即便在《与山巨源绝交书》中,依然能看到他有意用几分调侃的说法去处理的痕迹,同时,他也是一个析理精微的学者,并不擅长揭人之短。但是,此次与吕巽的绝交,却字字充斥着严责与声讨。反之,对自己曾经的朋友失望到怎样的程度,才能一改不见喜愠之色的常态,几经遏制,才不出"丑言",以"恨恨"而别。

虽身在缧绁,谨慎内省如嵇康,依然作《幽愤诗》以反思:

> 嗟余薄祜,少遭不造。哀茕靡识。越在襁褓。
> 母兄鞠育,有慈无威。恃忧肆姐,不训不师。
> 爰及冠带,冯宠自放。抗心希古,任其所尚。
> 托好老庄,贱物贵身。志在守朴,养素全真。
> 曰余不敏,好善暗人。子玉之败,屡增惟尘。
> 大人含弘,藏垢怀耻。民之多僻,政不由己。
> 惟此褊心,显明臧否。感悟思愆,怛若创痏。
> 欲寡其过,谤议沸腾。性不伤物,频致怨憎。

---

〔1〕(三国·魏)嵇康:《嵇康集校注》,戴明扬校注,中华书局2015年版,第209页。

第四章　奢靡之风与守成之志

昔惭柳惠，今愧孙登。内负宿心，外恧良朋。
仰慕严、郑，乐道闲居。与世无营，神气晏如。
咨予不淑，婴累多虞。匪降自天，寔由顽疎。
理（弊）患结，卒致囹圄。对答鄙讯，絷此幽阻。
实耻讼冤，时不我与。虽曰义直，神辱志沮。
澡身沧浪，岂云能补。嗈嗈鸣雁，奋翼北游。
顺时而动，得意忘忧。嗟我愤叹，曾莫能俦。
事与愿违，遘兹淹留。穷达有命，亦又何求。
古人有言："善莫近名。"奉时恭默，咎悔不生。
万石周慎，安亲保荣。世务纷纭，祇搅予情。
安乐必诫，乃终利贞。煌煌灵芝，一年三秀。
予独何为，有志不就。惩难思复，心焉内疚。
庶勖将来，无馨无臭。采薇山阿，散发岩岫。
永啸长吟，颐性养寿。[1]

"性不伤物"，却未能有好的结果；"奉时恭默，咎悔不生"，未能做到。嵇康发现自始至终，自己总是处在想圆满解决问题但又无法达成目标的状态。"昔惭柳惠，今愧孙登"，往日不比柳下惠般圣贤也就罢了，而今，连孙登的预言也被验证了。嵇康游于汲郡山中，遇道士孙登，遂与之游。康临去，登曰："君才则高矣，保身之道不足。"孙登其人，是否就是阮籍笔下的苏门先生，嵇康是否真正从孙登游三年等，余嘉锡引诸载予以说明。[2] 嵇康假托有这样一个人告诫自己，作为

---

[1]（三国·魏）嵇康:《嵇康集校注》，戴明扬校注，中华书局2015年版，第38~39页。
[2]《世说新语·栖逸》第2则。

反省自身的一面镜子，然后将其寄托于当时道家的人物身上，也不是没有可能。最为关键的是，孙登认为嵇康"保身之道不足""才多识寡"而不能"全其年"，这正是嵇康平时对自己的诫语。只是嵇康过于率真，他知道自己的毛病，却总是改不掉。"幽愤"的，不仅仅是得不到支持与理解，还有自己处事的方式与信任人的方式。

嵇康之死因，《晋书》本传记载如下：

初，康居贫，尝与向秀共锻于大树之下，以自赡给。颍川钟会，贵公子也，精练有才辩，故往造焉。康不为之礼，而锻不辍。良久会去，康谓曰："何所闻而来？何所见而去？"会曰："闻所闻而来，见所见而去。"会以此憾之。及是，言于文帝曰："嵇康，卧龙也，不可起。公无忧天下，顾以康为虑耳。"因谮"康欲助毌丘俭，赖山涛不听。昔齐戮华士，鲁诛少正卯，诚以害时乱教，故圣贤去之。康、安等言论放荡，非毁典谟，帝王者所不宜容。宜因衅除之，以淳风俗"。帝既昵听信会，遂并害之。[1]

由此可以至少得出几个关于嵇康被杀的原因：

第一，因为锻铁不言事得罪钟会。钟会才高而量狭，对嵇康一直都颇为忌惮，故而谗言陷害嵇康。嵇康得罪"小人"，必然要付出代价。《晋书》称"会以此憾之"，故而找理由向司马昭潜言。

第二，因嵇康被称"龙章凤姿"，虽然意在强调不加修饰、天质自然的外貌特征，但已足以引起猜测与评论，加之嵇

---

[1] （唐）房玄龄等：《晋书》卷四十九，中华书局1974年版，第1373页。

第四章 奢靡之风与守成之志

康尚魏公主而为中散大夫，与曹魏有着千丝万缕的联系，即便是魏室已崩，仍能引发猜测。这便是《晋书》言及钟会谗陷嵇康的第一个理由："嵇康，卧龙也，不可起。公无忧天下，顾以康为虑耳。"

第三，加由实事。《晋书》载钟会言与司马昭："康欲助毌丘俭，赖山涛不听。昔齐戮华士，鲁诛少正卯，诚以害时乱教，故圣贤去之。康、安等言论放荡，非毁典谟，帝王者所不宜容。宜因衅除之，以淳风俗。"关于此，裴松之注《三国志》已言及其错谬之处。

第四，所谓"孔融死而士气灰，嵇康死而清议绝"，[1]王夫之认为司马氏杀嵇康，与曹氏杀孔融同理，是出于稳固文化思潮的需要，同时，也是为警示效法行为。杀嵇康，存嵇绍，旨在绝思想。

嵇康被杀后，果真再没有人像嵇康那样去弹奏《广陵散》了，名士们有的默默出仕，再后来有人散发裸身，《广陵散》存谱而神不再，铿锵节奏已不同。

> 嵇中散既被诛，向子期举郡计入洛，文王引进，问曰："闻君有箕山之志，何以在此？"对曰："巢、许狷介之士，不足多慕。"王大咨嗟。[2]

《晋书》引此，言司马昭"甚悦"。然而，与以向秀为代表的沉默的大多数不同，山涛却在很多年以后做出了回应。

----

[1]（清）王夫之：《读通鉴论》卷十二，中华书局1975年版，第364页。
[2]《世说新语·言语》第18则。

嵇康被诛后，山公举康子绍为秘书丞。绍咨公出处，公曰："为君思之久矣！天地四时，犹有消息，而况人乎？"[1]

刘孝标引诸书记载，对具体的出仕过程进行了详细叙说：

《山公启事》曰："诏选秘书丞，涛荐曰：'绍平简温敏，有文思，又晓音，当成济也。犹宜先作秘书郎。'诏曰：'绍如此，便可为丞，不足复为郎也。'"

《晋诸公赞》曰："康遇事后二十年，绍乃为涛所拔。"

王隐《晋书》曰："时以绍父康被法，选官不敢举。年二十八，山涛启用之，世祖发诏以为秘书丞。"

《竹林七贤论》曰："绍惧不自容，将解褐，故咨之于涛。"[2]

余嘉锡先生考嵇康被杀时，嵇绍只有10岁，现出仕28岁，应为太康元年（公元280年）。而且认为山涛所言的"天地四时，犹有消息"，其实是没有任何道理的。鉴于父嵇康因并不明确合理的理由被杀，嵇绍出仕是否正确，一直都是人们论争的一个问题。嵇绍不是一般的出仕者，他出仕西晋后所终也不寻常，在司马家族乱糟糟的宗室权力斗争中，因司马氏而亡：

值王师败绩于荡阴，百官及侍卫莫不散溃，唯绍俨然端冕，以身捍卫，兵交御辇，飞箭雨集，绍遂被害于帝侧，血溅御服，天子深哀叹之。及事定，左右欲浣衣，帝曰："此嵇侍

---

[1]《世说新语·政事》第8则。
[2]《世说新语·政事》第8则。

第四章 奢靡之风与守成之志

中血,勿去。"[1]

虽然惠帝本人痴,但在这件事上,他是由衷感激并肯定嵇绍的。然而,惠帝稍后,人们的观点与评价就完全不同了。论者往往以嵇绍与大禹、王裒等人相比较,聚讼不一。总体而言,对于山涛此举与嵇绍出仕赞成的,大致有:

中散以肤受见诛,王仪以抗言获戾,时皆可谓死非其罪也。伟元耻臣晋室,延祖甘赴危亡,所由之理虽同,所趣之途即异,而并见称当世,垂芳竹帛,岂不以君父居在三之极,忠孝为百行之先者乎!且裒独善其身,故得全其孝,而绍兼济于物,理宜竭其忠,可谓兰桂异质而齐芳,《韶》《武》殊音而并美。或有论绍者以死难获讥,扬榷言之,未为笃论。夫君,天也,天可仇乎!安既享其荣,危乃违其祸,进退无据,何以立人!嵇生之陨身全节,用此道也。[2]

也不乏完全不赞成的评价:

河南郭象着文,称嵇绍父死在非罪,曾无耿介,贪位死暗主,义不足多。曾以问郗公(鉴)曰:"王裒(衰)之父,亦非罪死,裒(衰)尤辞征,绍不辞用,谁为多少?"郗公曰:"王胜于嵇。"或曰:"魏、晋所杀,子皆仕宦,何以无罪也!"答曰:"殛鲧而兴禹。禹不辞兴者,以鲧犯罪也。若以时君所杀为当耶,则同于禹。以不当耶,则同于嵇。"[3]

---

[1] (唐)房玄龄等:《晋书》卷八十九,中华书局1974年版,第2300页。
[2] (唐)房玄龄等:《晋书》卷八十九,中华书局1974年版,第2323页。
[3] 《太平御览》卷四四五引王隐《晋书》。

> 嵇绍可以仕晋乎？曰：不可。仕晋而可为之死乎？曰：仕而恶可弗死也！仕则必死之，故必不可仕也。父受诛，子雠焉，非法也；父不受诛，子不雠焉，非心也。此犹为一王之下，君臣分定，天子制法，有司奉行，而有受诛不受诛者言也。嵇康之在魏，与司马昭俱比肩而事主，康非昭之所得杀而杀之，亦平人之相贼杀而已。且康之死也，以非汤、武而见悼于昭，是晋之终篡，康且遗恨于泉下，而绍戴之以为君，然则昭其汤、武而康其飞廉、恶来矣乎！绍于是不孝之罪通于天矣……绍盖前人之美，而以父母之身，糜烂而殉怨不共天之乱贼，愚哉其不仁也！汤阴之血，何不洒于魏社为屋之日，何不洒于叔夜赴市之琴，而洒于司马氏之衣也？〔1〕

也有将出仕与荡阴之事相关联进行评述的。但司马光与朱熹得出的结论却完全相反：

> 昔舜诛鲧而禹事舜，不敢废至公也。嵇康、王仪死皆不以其罪，二子不仕晋室可也；嵇绍苟无荡阴之忠，殆不免于君子之讥乎！〔2〕

> 王仪为司马昭军事，昭杀之虽无辜，衰仕晋犹有可说。而衰不仕，乃过于厚者。嵇康魏臣，而晋杀之，绍不当仕晋明矣。荡阴之忠固可取，亦不相赎。事雠之过，自不相掩。司马公云："使无荡阴之忠，殆不免于君子之讥。"不知君子之讥，

---

〔1〕（清）王夫之：《读通鉴论》，中华书局1975年版，第352页。
〔2〕（宋）司马光：《资治通鉴》，胡三省音注，"标点资治通鉴小组"校点，中华书局1956年版，第2537页。

第四章 奢靡之风与守成之志

初不可免也。[1]

司马光认为嵇绍不仕于晋是可以的，出仕于晋也没有错，算是"不敢废至公"的行为，但是有荡阴之忠，就不对了。八王之乱期间，晋宗室自己都目中无人主惠帝，几掳几迁，嵇绍又何必弃父仇而忠于惠帝。而朱熹则认为，嵇绍仕晋本身就不对，但是既然已经成为晋臣，就应该忠于晋主，从这一点上，为惠帝而殒命没有错。错的是他从一开始就不应出仕，故而，不事父仇之过依然大于为臣之忠。此二评价，褒贬具存。颇能反映人们对嵇绍出仕与为父尽孝之间矛盾的认识。

顾炎武《日知录》对这件事情专门进行过一个评论，认为：所谓亡，有"亡国"和"亡天下"的区别。

昔者嵇绍之父康被杀于晋文王，至武帝革命之时，而山涛荐之入仕。绍时屏居私门，欲辞不就。涛谓之曰："为君思之久矣，天地四时犹有消息，而况于人乎？"一时传诵，以为名言，而不知其败义伤教，至于率天下而无父者也。夫绍之于晋，非其君也；忘其父而事其非君，当其未死三十余年之间，为无父之人亦已久矣，而荡阴之死，何足以赎其罪乎！且其入仕之初，岂知必有乘舆败绩之事而可树其忠名以盖于晚也？自正始以来，而大义之不明，偏于天下。如山涛者既为邪说之魁，遂使嵇绍之贤，且犯天下之不韪而不顾。夫邪正之说，不容两立，使谓绍为忠，则必谓王裒为不忠而后可也。何怪其相率臣于刘聪、石勒，观其故主青衣行酒而不以动其心者乎？是

---

[1] （宋）黎靖德编：《朱子语类》，王星贤点校，中华书局1988年版，第3241页。

故知保天下，然后知保其国。保国者，其君其臣肉食者谋之；保天下者，匹夫之贱与有责焉耳矣。〔1〕

余嘉锡认为顾炎武的说法"可谓痛切"，山涛如是说，目的就在于通过附会，为嵇绍解脱而已，是"率天下而祸仁义"：

然绍父康无罪而死于司马昭之手。礼曰："父之仇，弗与共戴天。"此而可以消息，忘父之仇，而北面于其子之朝，以邀富贵，是犹禽兽不知有父也。涛乃傅会《周易》，以为之动，真可谓饰《六艺》以文奸言，此魏、晋人《老》《易》之学，所以率天下而祸仁义也。〔2〕

纵观以上评论，不难发现，诸论者都是站在自己所处的学术背景与时代背景的基础上谈论嵇绍之出仕。从嵇绍的角度，他不如其他名士一般任达洒脱，但绝对算得上一个忠臣。嵇康写《家戒》，谆谆之言溢于言表，而托孤于山涛，也以嵇绍"不孤"称。从山涛的角度，让人们淡忘嵇康被诛之事已历18年之久，这已经是一个更新的时代，他替朋友完成朋友因为峻直而没法完成的心愿，可能不见得有错。

忠与孝，孰轻孰重，要区分不同的情况。刘孝标注引《晋诸公赞》中所载诸葛靓之事，又与嵇绍可互补：

吴亡，靓入洛，以父诞为太祖所杀，誓不见世祖。世祖叔母琅邪王妃，靓之姊也。帝后因靓在姊间，往就见焉，靓逃于

---

〔1〕《日知录》卷十三。
〔2〕《世说新语·政事》第8则笺疏。

第四章 奢靡之风与守成之志

厕中,于是以至孝发名。时嵇康亦被法,而康子绍死荡阴之役。谈者咸曰:"观绍、靓二人,然后知忠孝之道,区以别矣。"[1]

"忠孝之道,区以别矣",人实现价值的方式也未必一定相同。如散发裸身的中朝名士,信口雌黄的清谈名家,感西山爽气之出仕贵要,他们又在多大程度上是忠于一个时代,孝于祖辈期望?屏居私门、散发裸身,还是用自己出仕的方式为矫正时代已经出现的弊端尽可能之力,究竟哪一个意义更大?受嵇康之托,山涛对嵇绍说"君思之久矣",非常诚恳,也说明其真的是一个非常负责任也不负嵇康嘱托的朋友。既然父亲"峻伤其道",拒绝被推荐,由嵇绍来接替完成,似乎也没有错。嵇绍不如父亲才高,不如父亲清峻,但是在坚持理想方面,他保持了与父亲一致。

嵇喜、嵇绍之志,与嵇康之志相比,现实从容有余,高远清利不足。嵇喜与嵇绍一类人,貌似算不上魏晋风度的主角,他们更像是荡气回肠的精彩演绎的幕后人,看上去与潇洒超脱的风神意蕴相差甚远,甚至有时候看上去与潇洒风度对立。实际上,这些貌似驽钝、世俗的角色,恰恰能代表魏晋风度的另一面。与后来的高门大族为了实现家族转型并保持家族地位,进行一方面以儒家出仕接济家用,一方面又玄学清谈凸显家族地位的刻意分工做法不同。嵇康与嵇喜、嵇绍的人生理想与态度其实代表了魏晋时期名士的两种风度,如果仅仅认为魏晋风度是如嵇康般"游心太玄""纵心无悔",不免偏狭。魏晋名士不只是为人称道的任诞之风,还有如嵇喜一般宽容与韧厚的

---

[1]《世说新语·方正》第10则注。

风度、如嵇绍一般努力实践的风度。很多名士，如山涛、王戎、钟会甚至阮籍诸人身上，都可以看到这类名士风度的影子。

第三节 陆机的责任

陆机身上无疑闪耀着家族的光环。他的祖父陆逊，"权以兄策女配逊"，夷陵之战后班师，孙权"令左右以御盖覆逊，入出殿门"。〔1〕父亲陆抗，人有"所谓陆抗存则吴存，抗亡则吴亡者"之语，〔2〕足见其对整个东吴的重要性。陆氏曾一宗在朝"二相、五侯、将军十余人"。虽然在东吴内部事务方面，陆逊、陆抗都不同程度地遭到打击与怀疑，孙权对陆逊在立储问题上多有责让，孙皓对陆抗也有诘问与怀疑，但在抗敌卫国方面，陆逊、陆抗都从未犹豫过，也未曾受到过质疑。对于陆机而言，家族的这些荣耀让他倍感自豪。当继续家族的辉煌的责任与国家存亡的责任落到他身上时，他甚至来不及思考。

逢晋灭吴，陆机也曾尝试率军抗晋，但无奈失败了。陆机必须面临一个艰难的选择：要建立如父祖般的辉煌事业，在与自己家族命运息息相关的东吴之地已经没有可能；要重振家族，必须与自己的父、祖的对手言和，须与致使兄长殒命的仇人言和。相较而言，吴存，为国杀敌，做一个有济世之志的

---

〔1〕（晋）陈寿：《三国志》卷五十八，（晋）裴松之注，陈乃乾校点，中华书局1959年版，第1343页。

〔2〕此为何充所议。参见（唐）房玄龄等：《晋书》卷七十七，中华书局1974年版，第2030页。

第四章　奢靡之风与守成之志

人，不难；吴亡，依旧想做一个英雄，实现继续家族光环的愿望，无疑很艰难。

年二十而吴灭，退居旧里，闭门勤学，积有十年。以孙氏在吴，而祖父世为将相，有大勋于江表，深慨孙皓举而弃之，乃论权所以得，皓所以亡，又欲述其祖父功业，遂作《辩亡论》二篇。[1]

陆机经过了长时间的内心矛盾与彷徨。可想他作《辩亡论》时，对东吴的深深眷恋以及内心的痛与失望。《文心雕龙·论说》认为"陆机辩亡，效过秦而不及；然亦其美矣"，[2]陆机模仿《过秦论》的痕迹明显，但又不及《过秦论》，很重要的因素是他在分析吴灭的过程中，带入了太多为父祖的辉煌过往受到所受不平待遇的恩怨情愫，《辩亡论》论及"授任之才异"，提出"谦己""敦惠""宽冲""慈和"等因素，无一不在暗指自己家族所遭遇的排挤与疑虑。陆机不可能如屈原般将对国与君的眷恋化到美好的意象中去，他对亡国之君已经深感失望；也不能如贾谊一般冷静析理，他对自己父祖曾经建立过功业的土地的感情已经与自己家族的兴衰对等。亡国之痛、责主之切、家族之辉煌，交织出现在他"闭门勤学"的十年光阴里。出仕再造辉煌，陆机就要面对曾经的敌人；继续草野闭门，就不会再有家族的振兴机会。这一对矛盾如何取舍，可能是这十年里陆机考虑得最多的问题。十年思索后，他还是选择

---

〔1〕（唐）房玄龄等：《晋书》卷五十四，中华书局1974年版，第1467页。
〔2〕（南朝·宋）刘勰：《文心雕龙注释》，周振甫注，人民文学出版社1981年版，第201页。

了入洛出仕。

作为东吴士族地位、学术思想、文学造诣诸方面的代表，陆机携弟陆云入洛，的确引起了极大轰动：

> 至太康末，与弟云俱入洛，造太常张华。华素重其名，如旧相识，曰："伐吴之役，利获二俊。"……张华荐之诸公。[1]

张华夸张地认为"二俊"如此重要，未免别有用心：其一，这两位，是东吴史上最为赫赫有名的军事将领的后代，他们北上入仕，表明东吴已经再无采取任何军事行动的可能，这当然是值得宣告的捷报。其二，连陆氏兄弟都北上臣服，江东旧族对抗还有何意义？当然值得向江东诸旧族宣告。其三，以二陆在江东的名望，入仕代表了思想上的诚服，这是继战捷之后形成一统思想至关重要的一步，值得欣然庆贺。所以，张华时刻注重宣扬并夸大这件事在思想文化上的意义，使其成了当时人皆知的大事件。在张华的极力推介下，甚至有了"二陆入洛，三张减价"之说。

毫无疑问，这个"炒作"，对刚建立不久的西晋统一思想有利，对陆机个人而言却未必真是好事。陆机入洛，经过了十多年的痛苦选择与仔细考虑，是福是祸，他自己并没有把握。他北上是心存戒备的，不带家眷，只带弟陆云前往，才有了"黄耳传书"的故事：

> 初机有骏犬，名曰黄耳，甚爱之。既而羁寓京师，久无家问……机乃为书以竹筒盛之而系其颈，犬寻路南走，遂至其

---

[1]（唐）房玄龄等：《晋书》卷五十四，中华书局1974年版，第1472页。

第四章　奢靡之风与守成之志

家,得报还洛。其后因以为常。[1]

且不论各家所论黄耳究竟是人是犬的问题,黄耳所为,其实是人的思念心情的写照。留家眷的戒备不是没有理由,北上之后,在张华等人的盛赞声中,陆机与陆云的确结交了一些重要人物,也传有"云间陆士龙,日下荀鸣鹤"的佳话广传。[2]然而,对于西晋朝中某些人而言,二陆并不是思想上、军事上臣服的符号,而仅仅是亡国后北上求媚的没骨气的小丑,其所享有的赞誉与优待,也不见得人人都认可。

陆机诣王武子,武子前置数斛羊酪,指以示陆曰:"卿江东何以敌此?"陆云:"有千里莼羹,但未下盐豉耳!"[3]

卢志于众坐问陆士衡:"陆逊、陆抗,是君何物?"答曰:"如卿于卢毓、卢珽。"士龙失色。既出户,谓兄曰:"何至如此,彼容不相知也?"士衡正色曰:"我父祖名播海内,宁有不知,鬼子敢尔!"议者疑二陆优劣,谢公以此定之。[4]

王济既是世族高胄,又为时下名士,即便如此,也不能以"卿"呼陆机。王济故意如此,已经在强调战胜者与亡国者之间的主客关系了;对一个已经亡了国家的土地上能产出什么的珍奇佳肴的诘问,也是借机对陆机故土之思故意发难。对于陆机,江东的土地承载了自己家族的荣耀与故国情思,自然容不得被这样蔑视。

---

〔1〕（唐）房玄龄等:《晋书》卷五十四,中华书局1974年版,第1473页。
〔2〕《世说新语·排调》第9则。
〔3〕《世说新语·言语》第26则。
〔4〕《世说新语·方正》第18则。

东汉末年以来，忠孝发生冲突，人们经常会讨论忠与孝究竟孰轻孰重的问题，最为典型的，就是曹丕主持进行的一次讨论。《三国志·魏书·邴原传》裴松之注引《原别传》："太子燕会，众宾百数十人，太子建议曰：'君父各有笃疾，有药一丸，可救一人，当救君邪，父邪？'众人纷纭，或父或君。时原在坐，不与此论。太子谘之于原，原悖然对曰：'父也。'太子亦不复难之。"[1]可见，忠与孝的观念已经在发生变化，在坐之人言及君重要的，当然有讨好曹丕的用意在里面，邴原不但讨论的态度不好，且不夹杂任何示好曹丕的意思，曹丕却也没有诘难。三国时期有因孝而弃忠的，如徐庶、毕谌等人，也有因忠而弃孝的，如靳允等。相应，时人重视避讳的风气更甚，臧严子臧逢世见书有"严寒"，"必对之流涕"，以至于"多废公事"。[2]日常生活中偶遇避讳情况都如此，明知故犯，有意当面直指父祖名字，那就属最为无礼之举了。卢志直指陆逊、陆抗名，且用"何物"，充满了鄙夷之意。因为是有意犯讳，陆机采取以其道还之。

这两件事，一在考验陆机对故国的"忠"，一在考验陆机对父祖之"孝"。一般的亡国之君于这方面都能隐忍，如勾践面对夫差、司马邺之青衣行酒、刘禅之乐不思蜀，皆如此类。然而，陆机却不能。他对东吴有复杂的情感，对父祖之功绩有极其圣洁的崇拜，加上他贵公子的脾性，就容不下如此有意的

---

[1]（晋）陈寿：《三国志》卷十一，（晋）裴松之注，陈乃乾校点，中华书局1959年版，第353页。

[2]《颜氏家训·风操篇》："又有臧逢世，臧严之子也，笃学修行，不坠门风；孝元经牧江州，遣往建昌督事，郡县民庶，竞修笺书，朝夕辐辏，几案盈积，书有称'严寒'者，必对之流涕，不省取记，多废公事，物情怨骇，竟以不办而退。此并过事也。"

第四章 奢靡之风与守成之志

冒犯与刻意诋毁。他的不能忍与以吴臣身份出使的张俨不同，时贾充、荀勖诸人刁难张俨，张俨以平等的身份去应对，[1] 而对于一个背后失去了国家作为后盾的人，陆机面对的情况要复杂得多，同时还陷入了两难：反唇相讥，则不利于自己的仕途；一味沉默，则于家国不能忠孝。"未下盐豉""卿"之回称，"鬼子"之议，都表现了陆机在个人与家国面前所作出的选择。

陆机不因自己的荣誉而北上，自然也不会因为自己遇到困难而放弃北上初衷，自始至终，陆机都不是为个人的命运在思量。他的背后，默默立着留置南方的家眷与故土名士。因此，陆机急于在北方取得功业，他总觉得一切进展得太慢，总是易于急躁，多发慷慨之议，性格上显得激进而又悲观。

蔡司徒在洛，见陆机兄弟住参佐廨中，三间瓦屋，士龙住东头，士衡住西头。士龙为人，文弱可爱。士衡长七尺余，声作钟声，言多慷慨。[2]

此条下刘孝标注引《文士传》："云性弘静，怡怡然为士友所宗。机清厉有风格，为乡党所惮。"本来陆机就心有所戒，胸有所忧，别人稍稍有议论讽刺，风闻后就极容易敏感甚至失落，当然也容易失态，暴露自己脾性的不足，说话语气、

---

[1]《三国志》卷四十八裴松之注引《吴录》："俨字子节，吴人也。弱冠知名，历显位，以博闻多识，拜大鸿胪。使於晋，皓谓俨曰：'今南北通好，以君为有出境之才，故相屈行。'对曰：'皇皇者华，蒙其荣ექ，无古人延誉之美，磨厉锋锷，思不辱命。'既至，车骑将军贾充、尚书令裴秀、侍中荀勖等欲傲以所不知而不能屈。尚书仆射羊祜、尚书何桢并结缟带之好。"

[2]《世说新语·赏誉》第 39 则。

魏晋名士的风尚与规约

声调都会激动。如此激进而锋芒毕露的性格，偏偏常常遇到自己父祖昔日的对手来挑衅，陆机希望自己能毫不示弱地反击，但反击的结果他却并不希望看到：事与愿违，要想在这种境况下很快建立不菲功业，基本不可能。这是陆机济世的天然劣势。

陆机也发现了自己的这些不足，权衡时弊后采取过一些行动，为自己争得了一些有利因素。其中，最主要的便是交往贾谧、石崇、潘岳等人，加入"二十四友"的雅集游宴。这也更清晰地表明了陆机内心的矛盾："陆机参加了'二十四友'集团，他肯定是'傅会'了贾谧，他也有这方面的一些动作，不能否认此动作的堕落性质。但是同是'傅会'，情况却与潘岳等不同，他在一些政治观念上持有自己的见解，他在现实政治关系上也有自己的立场。他与贾谧的关系，属于即时凑合型，并无牢固的基础。"[1]陆机经过很多年的思量后选择了入洛，入洛后，与他自己"闭门勤学"时期一样，内心依然充满了矛盾与彷徨，而入洛后更为复杂的是新增了北人对南人的评价态度与他加在自己身上的故土重任。既要保持清厉性格，又要获得政治上的功业，他在二者的取舍间又陷入了新的矛盾。

同陆机、陆云一起入洛的还有顾荣，三人并称"三俊"。[2]其后，顾荣事齐王司马冏，"纵酒酣畅"，"终日昏酣，不综府事"，不久便辗转回归故乡。与顾荣同被誉为"五俊"之一的

---

〔1〕 徐公持：《浮华人生：徐公持讲西晋二十四友》，天津古籍出版社2010年版，第194页。

〔2〕 《晋书》卷六十八："吴平，(荣)与陆机兄弟同入洛，时人号为'三俊'。"

第四章　奢靡之风与守成之志

贺循，也以患病等理由离职不任。同样怀着亡国的芥蒂，在关键时时刻选择离开的北上士人不少，陆机却固执地与弟弟留在了洛都。

陆机有沉重的精神上的担子，一边盛着亡国，一边盛着复兴家族。加上性格里的要强和倔强，他不愿意默默无闻，无所建树。贺循在洛阳并不急躁，默默地"以宽惠为本，不求课最"，从来都不抢风头要名声。张翰、顾荣洒脱地认为"惟酒可以忘忧，但无如作病何耳"，因洛阳秋风起就想起鲈鱼脍，弃官而走。这些陆机都做不到。他不但选择继续留在洛阳，还要尽快在这里做成一番事业。他参加"二十四友"，更多的是想从中取巧，融入一个话语的圈子。但是，在西晋八王之乱已经拉开帷幕的时期，这样的取巧其实并不能保身。"二十四友"瓦解，他又加入了赵王伦阵营，赵王伦篡位，贺循等人也"辞疾去职"，而陆机依然梦想着成就功业与辉煌，无奈时过境迁，他不能在父祖敌人的土地上创造出父祖在东吴的辉煌。

他的处境、心情、性格等同样反映在他的文学创作中：

孙兴公云："潘文烂若披锦，无处不善；陆文若排沙简金，往往见宝。"

孙兴公曰："潘文浅而净，陆文深而芜。"[1]

想说什么又怕得罪人，只好从遥远、更遥远的事情说起，缓慢地切换到真正想要说的地方。文如其人：活得小心翼翼，写得煞费心机。陆机诗多拟古，一方面，"这本来是一种主要

---

[1]《世说新语·文学》第84、89则。

的学习属文的方法，正如我们现在的临帖学书一样。前人的诗文是标准的范本，要用心地从里面揣摩，模仿，以求得其神似"。另一方面，"作者也想在同一类的题材上，尝试着与前人一较短长，所以拟作的风气便越盛了"。[1]模拟古人在当时盛行，与其前酒与药的盛行相似，对于文士而言，这样的创作方式既能表达心志，又不用讲得太直白。陆机作有《长安有狭斜行》：

> 伊洛有歧路，歧路交朱轮。轻盖承华景，腾步蹑飞尘。
> 鸣玉岂朴儒，凭轼皆俊民。烈心厉劲秋，丽服鲜芳春。
> 余本倦游客，豪彦多旧亲。倾盖承芳讯，欲鸣当及晨。
> 守一不足矜，歧路良可遵。规行无旷迹，矩步岂逮人。
> 投足绪已尔，四时不必循。将遂殊涂轨，要子同归津。[2]

故国亡灭，追求忠于国家已经不合时宜，即便如陆机这样"倦游"的人，也不得不北上求出路。北上诸人都有建立功业的理想，为了实现本初的理想，所采取的行动并不一定一致，"守一不足矜""四时不必循"，但终归的理想是一致的。正因为这些变迁，古人认同的价值观与当下的价值观就应该不同，"渴不饮盗泉水，热不息恶木阴"的矜持便随之发生改变，由"饥不从猛虎食，暮不从野雀栖。野雀安无巢，游子为谁骄"（古乐府《猛虎行》），到"日归功未建"之时，只能"饥食猛虎窟，寒栖野雀林"（陆机《猛虎行》）。模拟让陆机时刻对比自己与古贤人的同与不同，调整自己的认同价值，为在

---

[1] 王瑶：《中古文学史论》，北京大学出版社1986年版，第200~203页。
[2] 《陆机集》，金涛声点校，中华书局1982年版，第70页。

第四章　奢靡之风与守成之志

"日归"前"建"功寻找出路。

关于陆机诗歌的评价也不同,钟嵘《诗品》誉其《拟古》为"五言之警策者"的代表,称其为"太康之英"。[1]陆机选择模拟,将原本简明的内容用繁芜的手法表现出来,他对已有诗体的继承与发展,是他获得肯定最为重要的方面。但其中的问题也显而易见。陈祚明评:"士衡束身奉古,亦步亦趋,在法必安,选言亦雅,思无越畔,语无溢幅。造情既浅,抒响不高。拟古乐府稍见萧森,追步《十九首》便伤平浅,至于述志赠答皆不及情。夫破家之余,辞家远宦,若以流离为悲,则悲有千则,倘怀甄录之信,亦幸逢一旦,哀乐两柄易得淋漓,乃敷旨浅庸,性情不出。"[2]

在西晋八王之乱已经拉开帷幕的背景下,很多人对政事避之唯恐不及,陆机却过于急切地想要功名。

> 陆平原河桥败,为卢志所谮,被诛。临刑叹曰:"欲闻华亭鹤唳,可复得乎!"[3]

陆机的悲剧并非因为得罪了卢志,而是在急切建立功业的心理促使下,选择得过于匆忙。以陆机的激烈性格,即便不得罪卢志,也会招致若干与卢志动机相近的人的谮陷。陆机本想做一番辉煌的振兴事业,却被命运安排在了错误的时间、错误的地点,甚至倚重了错误的人。几年后,司马睿等人选择了陆机的父祖曾经建立辉煌功业的土地,复建东晋。张翰、顾荣诸

---

[1] (梁)钟嵘:《诗品译注》,周振甫译注,中华书局1998年版,第30、17页。
[2] (清)陈祚明:《采菽堂古诗选》卷十,清康熙刻本。
[3] 《世说新语·尤悔》第3则。

人既为南下北人仰慕的翩翩名士,又为被礼遇的有功之臣。而陆机,因为过于匆忙的选择,永远失掉了这个机会。

  虽然生命以不得闻"华亭鹤唳"的悲剧结束,但陆机所表现的责任感与对理想的坚持,与当时奢靡与浮夸的风尚不同,与已经盛行的清谈玄虚之风也不同,陆机是当时有抱负、有梦想的士人代表。一个时代的守成,需要如嵇喜、嵇绍、陆机这样的人,或静穆,或有些咄咄逼人,但都心怀家国,为了理想的实现而不断付诸积极的行动。

第五章 风流之韵与家国情怀

第一节 王导之附人与周旋

南下之初,"王与马共天下"的局面便已形成。《世说新语》载:

> 元帝正会,引王丞相登御床,王公固辞,中宗引之弥苦。王公曰:"使太阳与万物同晖,臣下何以瞻仰?"[1]

皇族与世家大族的关系经过一定时间的积累,已经"在权力分配和尊卑名分上与一般君臣不同"。[2]这也是思想认识上的重新划分。晋中兴,王氏家族因王导居机枢之地,王敦兵倾朝野,功不可没。《世说新语·言语》刘注引邓粲《晋纪》曰:"晋中兴之功,导实居其首。"[3]

陆机北上,以南人亡国身份而至洛下,面对的主流文化思

---

[1] 《世说新语·宠礼》第1则。
[2] 田余庆:《东晋门阀政治》,北京大学出版社2012年版,第3页。
[3] 《世说新语·言语》第33则。

潮是基于北人而建的；至晋室南迁，中原人士过江避难，即便重建国家政权，主流文化圈也要更多地受南人本土风尚的影响。若未能取得南方土著高门的认同，长享国祚的可能性就微乎其微。王导初至，面临的就是被认同的难题，致使他不得不"思结人情"：

> 王丞相初在江左，欲结援吴人，请婚陆太尉。对曰："培塿无松柏，薰莸不同器。玩虽不才，义不为乱伦之始。"[1]

陆玩为陆机族弟，不但拒绝与王导联姻，而且以"培塿无松柏，薰莸不同器"为比喻，视南北通婚为"乱伦"，足见其轻蔑。对待与帝王"共天下"的王氏核心人物王导都如此，其他人更不用说。这种普遍遇到的困境，造成了南下士人思想情绪上的无助与失望。这种时候，需要有一个精神上的引领者，激发人们建设家园的积极心态，唤醒人们对家国重建的责任感。

> 过江诸人，每至美日，辄相邀新亭，借卉饮宴。周侯中坐而叹曰："风景不殊，正自有山河之异！"皆相视流泪。唯王丞相愀然变色，曰："当共戮力王室，克复神州，何至作楚囚相对？"[2]

新亭对泣，唯王导面对问题的态度不同，也可以看出国家艰难的现实处境对魏晋清谈风尚的转变。南下以前，以王衍、王澄等人为代表的清谈玄言，为谈而谈，为论辩而论辩，究其

---

[1]《世说新语·方正》第24则。
[2]《世说新语·言语》第31则。

实,落入一种信口雌黄的言语游戏中,并不能为国家政事和社会事务提供多少有实际作用的导向,反而助长了虽居机枢要职而不图谋其事的"不豫世事"的行为风尚。长期如此,最后总是落入一部分人对另一部分人空洞的言语追捧或者有意贬抑。西晋的速亡,在思想界引发"尚浮虚"导向的王衍等人难辞其咎。南下后,清谈之风与西晋末年又有了不同。首先,面临的政治格局不同。王衍需要通过清谈加固地位,而南迁以后,司马王室与累世高门之间已经形成了清晰的划分,"祭则司马、政在士族"。[1]其次,清谈依然是名士交游的重要内容。虽然王导言"昔在洛水边,数与裴成公、阮千里诸贤共谈道"的盛景已经时过境迁,"欲尔时不可得耳",[2]南下后名士们依然会通过谈玄论道等方式交游。但总体上,讨论的气势与实质内容已经不同,更多的时候成了新亭对泣一般的无奈。王导在这样的境况下,一方面以清谈核心人物的身份立足思想界,"旧云,王丞相过江左,止道《声无哀乐》《养生》《言尽意》三理而已。然宛转关生,无所不入",[3]又自然而然地以"共戮力王室,克复神州"为己任,成为国家政治事务的重要谋划者。这使得东晋的社会风尚不再仅仅是清虚高贵的空谈玄道,而是有了对国家的担当,以责任为前提。

王导有两个美称:晋元帝司马睿称王导,"卿,吾之萧何也!"[4]温峤则称王导为"江左自有管夷吾"。[5]两样美称,

---

[1] 田余庆:《东晋门阀政治》,北京大学出版社2012年版,第6页。
[2] 《世说新语·企羡》第2则。
[3] 《世说新语·文学》第21则。
[4] (唐)房玄龄等:《晋书》卷六十五,中华书局1974年版,第1746页。
[5] (唐)房玄龄等:《晋书》卷六十七,中华书局1974年版,第1786页。

仔细品辨，内涵确实有些微妙不同。管仲侍二主，助齐桓公称霸，一匡天下，孔子给予了充分肯定。[1]温峤本有雄心救世，待及面见王导后，顿觉自己的心愿已经有人可以完成，自己也将没有遗憾了，故而甚为宽慰，称王导为"江左管仲"，言语间充满了钦敬与肯定。相较而言，司马睿所称的"吾之萧何"，虽然也有极高的赞誉之意，然而总脱不开"成也萧何，败也萧何"的影子，或许更希望王导为了晋室江山，能像萧何一样既求自保，也要识实务，一旦"王与马"共天下的布局有所倾废，王导可以顾全大局，甚至不惜做出些许牺牲。美称均代表了一种理想状态，但反映出了对王导不同的期待。

即便如此，王导确实也向着司马睿与温峤所期望的理想状态努力。面临南下之初的艰难环境，他用自己的智慧"思结人情"，采取了诸多策略应对"吴人不附"的实际状态。

王导通过树威仪以结人心。利用时人品鉴人物的风气与从众心理，逐步增加接受度。

会三月上巳，帝亲观禊，乘肩舆，具威仪，敦、导及诸名胜皆骑从。吴人纪瞻、顾荣，皆江南之望，窃觇之，见其如此，咸惊惧，乃相率拜于道左……帝乃使导躬造循、荣，二人皆应命而至，由是吴会风靡，百姓归心焉。[2]

司马睿其人，"深沉有余，雄略不足"，[3]初渡江后，如

---

[1]《论语·宪问》："子路曰：'桓公杀公子纠，召忽死之，管仲不死，曰未仁乎？'子曰：'桓公九合诸侯不以兵车，管仲之力也。如其仁，如其仁！'"

[2]（唐）房玄龄等：《晋书》卷六十五，中华书局1974年版，第1745~1746页。

[3] 吕思勉：《两晋南北朝史》，江苏人民出版社2014年版，第83页。

第五章　风流之韵与家国情怀

何能服众是一个很重要的问题。越是要在南方发展政权，王导的家族名望与个人智略便越发重要。王导并未因南人不附就执意与之见高低，相反，他采取了"宾礼故老，夺问风俗"的策略。一方面，显示帝王的威仪，增强品鉴的认可度；另一方面，从望族入手，逐层争取，造成一定的声势与效应。

王导处理政治事务非常注意分寸，注重调和南北之间的各种矛盾，执行宽厚的政策。这与吴人的建议也不无关系：

> 王丞相为扬州，遣八部从事之职。顾和时为下传还，同时俱见。诸从事各奏二千石官长得失，至和独无言。王问顾曰："卿何所闻？"答曰："明公作辅，宁使网漏吞舟，何缘采听风闻，以为察察之政？"丞相咨嗟称佳，诸从事自视缺然也。[1]

王导时任丞相军咨祭酒，兼任扬州刺史。扬州统属丹阳、会稽等八郡，按当时的官职设置，每郡置部从事一人，主管督促文书、察举非法等事务，所以王导分遣部从事八人分赴各郡，视察八郡诸事。顾和当时也当随之同赴各郡同归来，面见王导汇报情况。顾和一个字都不说，并不是他什么都没有观察到，而是他认为仅仅依靠一些传闻来推进政治，以所得到的结果作为政策依据，本身就缺乏准确性，而且这种做法并不利于国家政治向好的方向发展。这是对下属的极度不信任的态度，也是引起地方郡守与中央权力摩擦的导火线，故而，他用来劝王导要懂得宽容。

当时的地方官吏多为南人，顾和其实是代表了南人的真实所想，王导"咨嗟称佳"，已经用行动表明了自己即将采纳顾

---

[1]《世说新语·规箴》第15则。

和建议的宽和态度。这看上去是一件并不重要的小事，但由此可以说明王导确实是充分反思了怎样才能在南方立足、怎样才能在政治方面促进南北融合的问题。王导的宽政也正是建立在这样的基础上的。

王丞相主簿欲检校帐下。公语主簿："欲与主簿周旋，无为知人几案间事。"[1]

政权初立，各方都没有形成一个稳定长久的态势，人人都有对下一步政治局势的担忧，察言观色、观风而动的人比比皆是。加之又有稍后庾亮得势、王敦作乱等，即便是身在王导麾下，心有所忧虑，在去留、依弃方面有所动摇肯定难免，若一一校对，稍有动摇之心便予以查处，恐怕王导麾下便会所剩无几。王导依时局而对过往不咎，消除了顾虑，稳定了人心。宽和待人，不激化矛盾，也是王导始终坚持的附人策略。

丞相末年，略不复省事，正封篆诺之。自叹曰："人言我愦愦，后人当思此愦愦。"[2]

究其实，这种宽容的作风也要归于王导在政治权力与思想引领方面的统一，将清谈玄远的风尚带入政治格局的改变中，当然也不失为一种入乡随俗的理想治理方式。

王导还重视文化随俗以附人。尊重南方既有的风俗，这既是宽政的认识基础，也是采取实际治理措施的基本态度。

---

[1]《世说新语·雅量》第 14 则。
[2]《世说新语·政事》第 15 则。

第五章　风流之韵与家国情怀

刘真长始见王丞相，时盛暑之月，丞相以腹熨弹棋局，曰："何乃渹！"刘既出，人问见王公云何，刘曰："未见他异，唯闻作吴语耳。"

真长云丞相何奇，止能作吴语及细唾也。（刘孝标注引《语林》）[1]

有关此"渹"是否为吴语以及刘惔为何要讥王导用吴语，说法不一。陈寅恪先生认为："吴语为当时统治阶级中北人及江东人士共同羞用的方言，王导乃不惜屈尊为之，以故为北人名士所笑，从中可见王导的苦心。"[2] 余嘉锡先生认为："盖东晋之初，基业未固，导欲笼络江东人心，作吴语者，亦其开济政策之一端也。"[3] 人在独处并自语时所使用的语言，往往会是自己从小便习得的母语或方言；而王导在这种情况下却要求自己说吴语，充分说明他在适应吴语方面用功尤深，或者，他当时集中注意力去思考的事务，正是与吴人相关的事务，所以吴地方言便脱口而出。语言最能代表一个人的身份，王敦语音"楚"，是其得"田舍儿"之名的重要原因之一。用语言与行动的亲和力来集结人心，确也是王导一种非常实用的文化交往策略，另有"兰阇"一事可以为例：

王丞相拜扬州，宾客数百人并加沾接，人人有说色。唯有临海一客姓任及数胡人为未洽。公因便还到过任边，云："君

---

[1] 《世说新语·排调》第13则，第792页。
[2] 《陈寅恪魏晋南北朝史讲演录》，万绳楠整理，贵州人民出版社2012年版，第135页。
[3] （南朝·宋）刘义庆：《世说新语笺疏》（修订版），（南朝·宋）余嘉锡笺疏，周祖谟、余淑宜、周士琦整理，上海古籍出版社1993年版，第794页。

出,临海便无复人。"任大喜说。因过胡人前弹指云:"兰阇,兰阇,!"群胡同笑,四坐并欢。[1]

《朱子语类》以谓胡僧曰"兰阇""乃胡语之襃誉者也",[2]可见王导的策略是从文化尊重方面入手的。

不只是"附"南人,王导在化解南下北人之间的问题时,也非常注重谨慎而周全地考虑权衡,区别对待。

王敦引军垂至大桁,明帝自出中堂。温峤为丹阳尹,帝令断大桁,故未断,帝大怒,瞋目,左右莫不悚惧。召诸公来。峤至不谢,但求酒炙。王导须臾至,徒跣下地,谢曰:"天威在颜,遂使温峤不得谢。"峤于是下谢,帝乃释然。诸公共叹王机悟名言。[3]

此事《晋书·温峤传》也有记载,但所载的过程有异:"及王含、钱凤奄至都下,峤烧朱雀桁以挫其锋,帝怒之,峤曰:'今宿卫寡弱,征兵未至,若贼豕突,危及社稷,陛下何惜一桥。'贼果不得渡。峤自率众与贼夹水战,击王含,败之,复督刘遐追钱凤于江宁。"[4]虽有差异,但都言及当时王敦兵临咫尺,温峤和晋明帝司马绍之间确实存在分歧。温峤以前也曾与王敦交往颇多,称誉过钱凤等人,且温峤得丹阳尹一职,本因王敦所荐。同时,丹阳作为打入京城的最后一个壁

---

[1] 《世说新语·政事》第12则。
[2] (宋)黎靖德编:《朱子语类》卷一百三十六,王星贤点校,中华书局1988年版,第3242页。
[3] 《世说新语·捷悟》第5则。
[4] (唐)房玄龄等:《晋书》卷六十七,中华书局1974年版,第1788页。

第五章　风流之韵与家国情怀

垒，胜负关系到晋朝廷的存亡。既然如此，在这样紧要的时刻，司马绍怀疑温峤与王敦有所牵扯也不无道理。王导在司马绍与温峤之间的周旋非常巧妙：首先，自己"徒跣下地"，表示对天威发自内心的敬畏；然后，再暗示司马绍，作为帝王明显地"天威在颜"，实则有失君王之仪；最后，替温峤找到合理的理由，言及其并非不谢，是不敢谢，也通过这样的方式机敏地提醒温峤关注司马绍的脸色，注意言行。这样，突出了自己的诚意，也在某种程度上表达了在京的王氏族人对王敦事的政治态度；温峤领悟其意后补而谢主，保住了性命；司马绍也察觉到自己的失态，意识到应该在关键时期拉拢身边现有人才的重要性。于是，两方都给了台阶下，是为两得。

王导集士人谈玄析理，与王衍时的清谈不同，王导的重心始终都在政治方面，清谈对于王导而言，或许只是一种表达自己顺应时代时尚而加固政局的又一附人方式。虽然"王导为相，只周旋人过一生"，[1]他对时局变化非常敏锐。他也并不是对每一个人、每一件事都没有原则地"周旋"，面对蔡谟、庾亮等人，其就表现出了程度不同的厌恶。

庾公权重，足倾王公。庾在石头，王在冶城坐。大风扬尘，王以扇拂尘曰："元规尘污人！"[2]

丞相作女伎，施设床席。蔡公先在坐，不说而去，王亦不留。[3]

---

[1]（宋）黎靖德编：《朱子语类》卷一百三十六，王星贤点校，中华书局1988年版，第3241页。

[2]《世说新语·轻诋》第4则。

[3]《世说新语·方正》第40则。

庾亮与蔡谟，身份不同。庾亮出身非同寻常，重权在握，虽居外镇但时刻执朝政牛耳，无论在国家政治还是家族地位的竞争方面，都是王导不二的对手。但在具体的共事过程中，王导对庾亮还是竭尽全力周旋笼络，甚至在有人劝王导对庾亮多加防范时，王导仍故意对庾亮采取"宽"的一贯态度。因为从朝政格局看，王导在内，庾亮镇外，这种权势优劣大小的猜测必然会致使国家有萧蔷之祸。但庾亮的势力确实又明显胜过王导："时亮虽居外镇，而执朝廷之权，既据上流，拥强兵，趣向者多归之。"[1]王导面对这种自己"不能平"的局势，虽不明言，但从行动上表现了出来。"大风扬尘"本因自然现象，王导将这种空气的污沌状态与时局的混乱相结合，暗示其虽然"以扇拂尘"，极力表现了清谈的潇洒与清淡雅量的态度，然而一句充满了幽默感的"元规尘污人"，恰恰透露了王导内心的不淡然。庾亮字"元规"，王导不失礼貌而尊敬地以字称庾亮，然后冠以"尘"名，直言其造成的结果是"污"，已经将内心的不平静与对庾亮的不喜尽显出来，可谓一种客气而又不失礼貌的厌恶。由此也不难想见，虽然王导以清雅的方式"坐"而挥扇，但内心真正权衡考量的，其实一直都是家国政局。更有甚者，王导一方面以"角巾还第"为托词表现无所惧，优游容与，一方面又修书庾亮，周旋之余，或已假借抵御刘石进行了一次军事布局。[2]

至于蔡谟，出身不高，权位也未足以对王氏家族有所威胁，王导就未免尖刻。同样以主人身份待客，对于"未洽"

---

[1]（唐）房玄龄等：《晋书》卷六十五，中华书局1974年版，第1753页。
[2] 参见田余庆：《东晋门阀政治》，北京大学出版社2012年版，第113~115页。

的临海客人和胡僧，王导都能特加关照，使与人同欢，而蔡谟"不说而去"，王导便任他去，不予理会。《晋书·蔡谟传》载"谟性方雅"，[1]对王导的处处周旋奉迎甚为不齿，所以经常公开揭王导的短。比如讽刺王导干预朝政、收受贿赂的爱妾为"雷尚书"；另有嘲笑王导因惧内另置别馆安置伎妾，被夫人曹氏发现后，狼狈地牛车竞驰之事。蔡谟处处以家长里短之事贬损王导，王导也对蔡谟无所谓客气，甚至发怒。贬低蔡谟言："吾往与群贤共游洛中，何曾闻有蔡克儿也。"[2]蔡克（充）为蔡谟父之名，王导直呼其父名以示贬损，显然已经不是表面上以"元规"称庾亮般谨慎放达，而是表现出了"以怨报怨"之态。足见王导在政事上所谓的周旋，骨子里其实是有周旋程度的区别的，其所依据的很重要的一个方面便是身份。

王导的风度往往有较为严谨的对象选择，陆玩是初居江南时亟须笼络抬举的江南名望，庾亮是维持政局稳定局面最为关键的人物，故而都可以隐忍不发，用谈玄论道的清淡掩饰过去。而蔡谟家世不显，身份低微，就没有必要一定克己忍让。可见，王导在处理国家事务时表面上闲散清淡，实际上态度极为谨慎有度。他的隐忍不发一直都是界限的，即便所面对的是帝王：

王导、温峤俱见明帝，帝问温前世所以得天下之由。温未答，顷，王曰："温峤年少未谙，臣为陛下陈之。"王乃具叙宣王创业之始，诛夷名族，宠树同己，及文王之末，高贵乡公

---

[1]（唐）房玄龄等：《晋书》卷七十七，中华书局1974年版，第2041页。
[2]（唐）房玄龄等：《晋书》卷六十五，中华书局1974年版，第1753页。

事。明帝闻之,覆面着床曰:"若如公言,祚安得长!"[1]

王导改变了从嵇康、阮籍到王衍以来,具有思潮引领作用的名士们对待出仕的普遍态度,也从一定程度上改变了人们对时代名士评价的潜在规约。

周仆射雍容好仪形,诣王公,初下车,隐数人,王公含笑看之。既坐,傲然啸咏。王公曰:"卿欲希嵇、阮邪?"答曰:"何敢近舍明公,远希嵇、阮!"[2]

可以看出,由于王导的身体力行,已经倡导并树立了一种新的清谈与出仕的标准,对西晋初年以来的风气的模拟已经有了质的变化。对司马昭等谋取的晋王与司马睿等建立的晋国,认同程度不同,嵇康、阮籍对其觊觎王室归根到底是心存不满的,对其提倡的思想导向也是排斥的,但是到了王导的时代,对司马家为皇族是认可的,在思想上也是积极靠拢并支持的。由此,学问清谈的目的也发生了根本转化,由嵇康、阮籍时的避政而谈,到王衍时期的轻政重谈,到王导时期变为主政闲谈。清谈也由护身保命,一变而为彰显不类、谋取社会地位的工具,再变而成为不另类的表征。

以王导为代表的这种清谈方式与为政方式,使江南高胄终于认可了嫁接在自己家乡土地上的北方政权。即便王氏地位一落千丈,几近为罪人,江南大族的代表依然对王导的风尚佩服不已。

王敦兄含为光禄勋。敦既逆谋,屯据南州,含委职奔姑

---

[1]《世说新语·尤悔》第7则。
[2]《世说新语·言语》第40则。

第五章 风流之韵与家国情怀

孰。王丞相诣阙谢。司徒、丞相、扬州官僚问讯,仓促不知何辞。顾司空时为扬州别驾,援翰曰:"王光禄远避流言,明公蒙尘路次,群下不宁,不审尊体起居何如?"[1]

这样的号召力,从某种程度上已经超出了皇权对王导"萧何"的期许。由此也不难理解为什么一些善于逢迎的刘隗、戴渊、周𫖮、刁协诸人被作为心腹,来对付重兵在手的王敦与重权在手且能执南北思想为之首的王导。然而,帝王周围被视为障碍的小人清除以后,王敦谋逆于外,王导"率群从昆弟子侄二十余人,每旦诣台待罪",后又平王敦,"率子弟发哀""谓敦死",做到了关键时刻司马睿对他的期待。从这个角度,王导确实成了司马睿之"萧何"。

"王导笼络江东士族,统一内部,结合南人北人两种实力,以抵抗外侮,民族得以独立,文化因得以续延,不谓民族之功臣,似非平情之论也。"[2]东晋在王导的附人与周旋策略下,终于逐步稳固。魏晋名士的政治理想与清谈风尚在王导这里实现了几近完美的结合,这也成了魏晋风尚中具有家国责任与温度的一个部分。

第二节 谢安之东山之志

后世以王、谢并称,其实在谢安以前,谢氏家族的地位虽然经谢鲲等人不断努力而迅速提升,但在家族声望方面尚不能与王氏比肩,甚至被讽刺为"新出门户":

---

[1]《世说新语·言语》第37则。
[2] 陈寅恪:"述东晋王导之功业",载《中山大学学报》1956年第1期。

谢万在兄前,欲起索便器。于时阮思旷在坐,曰:"新出门户,笃而无礼。"

谢公尝与谢万共出西,过吴郡。阿万欲相与共萃王恬许,太傅云:"恐伊不必酬汝意,不足尔!"万犹苦要,太傅坚不回,万乃独往。坐少时,王便入门内,谢殊有欣色,以为厚待己。良久,乃沐头散发而出,亦不坐,乃据胡床,在中庭晒头,神气傲迈,了无相酬对意。谢于是乃还。未至船,逆呼太傅。安曰:"阿螭不作尔。"〔1〕

王恬为王导次子,他这样对待谢万,一方面是因史书所言"傲诞,不拘礼法"的性格,并不"恒以慎密为端",也"不为公门所重"。〔2〕另一方面,确实也有当时王、谢地位差异的原因。余嘉锡先生分析:"江左王、谢齐名,实在安立功名以后。此时谢氏兄弟甫有盛名,而其先本非世族,故阮裕讥为新兴门户。王恬贵游子弟,因其不礼谢万也。"〔3〕此时的谢氏家族,具有中流砥柱作用的人是谢奕。谢奕所依主要是桓温,二人为布衣之交。桓温称谢奕为"方外司马",对其种种不羁甚为宽容。谢奕在政治地位上倚于桓,但并不因此而敬畏桓。据载桓温为了躲避与谢奕饮酒藏于妻子处,谢奕便径直找一桓温麾下兵帅饮酒,且语:"失一老兵,得一老兵,亦何所怪。"旷达之余,表现出了对桓温出身的看法。〔4〕又《世说新语·

---

〔1〕《世说新语·简傲》第9、12则。

〔2〕(唐)房玄龄等:《晋书》卷六十五,中华书局1974年版,第1754~1755页。

〔3〕(南朝·宋)刘义庆:《世说新语笺疏》(修订版),(南朝·宋)余嘉锡笺疏,周祖谟、余淑宜、周士琦整理,上海古籍出版社1993年版,第774~775页。

〔4〕(唐)房玄龄等:《晋书》卷六十五,中华书局1974年版,第2080页。

方正》载王述也诋桓温之子出身"兵家子",王坦之不应该嫁女于桓。这便反映了当出时王、谢、桓之间地位的微妙对比。论实权,桓居上,故而王坦之因为父亲不允许,不敢嫁女于桓子,"后桓女遂嫁文度儿",两家还是如桓温所愿结盟姻亲。但论出身,"兵"之桓确实又不如王、谢两家。而王、谢之间,王又以累世旧族居上,谢氏地位虽经谢鲲等人努力而提升迅速,但依然还未及王。即便桓温与谢奕关系特殊,也常会选择王、谢并用的方式,如谢玄与王珣"并礼重之"。[1]

升平初,谢尚与谢奕相继去世。谢尚镇豫州十二年亡,谢奕接任为豫州刺史,仅一年,谢奕又亡。简文帝司马昱专门就豫州刺史一职由谁来继任展开讨论,有提议任以桓温弟桓云,司马昱请教时为尚书仆射的王彪之:

时豫州刺史谢奕卒,简文遽使彪之举可以代奕者。对曰:"当今时贤,备简高监。"简文曰:"人有举桓云者,君谓如何?"彪之曰:"云不必非才,然温居上流,割天下之半,其弟复处西藩,兵权尽出一门,亦非深根固蒂之宜也。人才非可豫量,但当令不与殿下作异者耳。"简文领曰:"君言是也。"[2]

此次斟酌,也宜选谢氏成员,才能对朝廷军事政治都最有利。然而,对于谢氏家族而言,所任之人无论为"妖冶"风流的谢尚(《世说新语·品藻》),还是"性粗强"的谢奕(《世说新语·忿狷》),虽都好清淡玄远,但都对谢氏家族作

---

[1] (唐)房玄龄等:《晋书》卷七十九,中华书局1974年版,第2080页。
[2] (唐)房玄龄等:《晋书》卷七十六,中华书局1974年版,第2009~2010页。

为"新出门户"继续发展有利,而此次继任的谢万则未必。谢万其人,列于清谈名家恰当,列于政治治国之栋梁则不当。升平三年(公元359年),谢万与郗昙兵分两路北伐前燕,问题就暴露出来了:

> 谢万北征,常以啸咏自高,未尝抚慰众士。谢公甚器爱万,而审其必败,乃俱行。从容谓万曰:"汝为元帅,宜数唤诸将宴会,以说众心。"万从之。因召集诸将,都无所说,直以如意指四坐云:"诸君皆是劲卒。"诸将甚忿恨之。谢公欲深著恩信,自队主将帅以下,无不身造,厚相逊谢。及万石败,军中因欲除之。复云:"当为隐士。"故幸而得免。[1]

这便透露出几个信息:

第一,谢万并未因肩负重任而改变自己的清远风格,处事方面尤其是一如既往的平庸。与谢尚和谢奕一方面玄远清淡,一方面又对政事深谙于心不同,谢万的心思基本都在于清谈论道。《世说新语·雅量》记载,他甚至曾为了听支道林讲道的座位问题与人发生争执,虽然后来也不计较,但其实已经反映出他处事的格局其实并不高。兄长谢奕去世后,朝廷与家庭双重的巨大责任也没有让他变得深思熟虑。他不具备将清谈与政事相结合的实际能力,与王导、谢尚、谢奕等人的清淡玄远其实有本质的不同。谢万可以因为蔡子叔扔了他而"不以面计",但军事战略与政事要务是不允许考量"面计"的问题的。他称诸将为"劲卒",其实是犯了当时的忌讳。时人以家族出身为识人标准,而"兵"家如桓温都难免受歧视,更何

---

[1] 《世说新语·简傲》第14则。

况普通的将吏士卒。《资治通鉴·晋纪》胡三省注："凡奋身行伍者，以兵与卒为讳；既为将矣，而称之为卒，所以益恨也。"[1]不难见出，究其实，谢万没有提升谢氏家族地位的能力。

第二，谢安对谢万的脾性非常了解，也知道他的能力限制。他隐居东山时就有对出仕"恐不免耳"的论断。在朝廷多次征用，谢安都能坚持不仕的前提下，这一次却积极地以隐士的身份"俱行"。这充分说明：家国有人，谢安可以隐；家国无人，谢安已不能隐。

第三，谢万的失败证明了谢安的顾虑，也更进一步说明谢万确实不可能成为统领时代的人物。郗昙因病退屯彭城，谢万不加求证，便仓促退兵，自行溃败，狼狈逃还。虽然因为谢安的原因保住了性命，但却给国家和谢氏家族都造成了巨大损失，被贬为庶人。如此，谢安继续隐于东山，则谢氏将面临"无人"的困境。

第四，谢万的失败，使谢氏本处于新起地位的态势扭转。北伐是当时朝野间最为敏感也最为重要的话题，对于谢、郗率军北征，人们的态度也很复杂，王羲之早就提出异议：

> 王羲之与桓温笺曰："谢万才流经通，处廊庙，参讽议，故是后来一器。而今屈其迈往之气，以俯顺荒余，近是违才易务矣。"温不从。[2]

---

[1]（宋）司马光：《资治通鉴》卷一百，胡三省音注，"标点资治通鉴小组"校点，中华书局1956年版，第3176页。
[2]（唐）房玄龄等：《晋书》卷七十九，中华书局1974年版，第2086~2087页。

一切果然如王羲之所料。由谢尚到谢奕，仅仅一年左右的时间，从谢奕到谢万，也仅仅一年多的时间，而且谢万的溃败造成国家边防出现危机，这足以让国家政治军事处于极度紧张的状态，也足以毁掉谢氏家族刚刚兴起的地位。这个时候，亟须一个有名望、有才能的人来补救这一切。

这个人当然就是谢安，因为他"虽处衡门，其名犹出万之右，自然有公辅之望"，谢安隐于东山，很多人不理解，即便妻子也有些许不满。但隐居须有一个天然的屏障，那就是家族中总有某些成员可以发挥政务方面中流砥柱的作用，有这一天然屏障存在，他才能可以对"禁锢终身"不在乎。显然，谢万事出，谢安与谢氏家族都失掉了这个屏障。

谢安隐居期间，除了与王羲之、许询、支道林等名士名僧频繁交游，还有与家族子弟共同交流研讨的记载。一方面，时人清雅的风尚通过谢安与新兴起的谢氏家族联动，谢氏在社会风尚方面已经超越了很多累世高门。同时，通过举行各种与晚辈的交流与培育活动，其传达出了一种更为积极的人生态度与兼顾天下的情怀。

> 谢公因子弟集聚，问《毛诗》何句最佳？遏称曰："昔我往矣，杨柳依依；今我来思，雨雪霏霏。"公曰："訏谟定命，远猷辰告。"谓此句偏有雅人深致。[1]

谢安并不因身在东山且交游清雅而掩饰心中的政治理想。谢玄欣赏的诗句出自《诗经·小雅·采薇》，谢安所欣赏的诗句出自《诗经·大雅·抑》，两人的欣赏视角有异，所表达的

---

[1]《世说新语·文学》第52则。

心志也不同。"訏谟定命。远猷辰告",郑玄笺:"大谋定命,谓正月始和,布政于邦国都鄙也。"[1]谢安论及对朝廷政令的积极传播态度以及自己的政治理想,足以说明他身虽隐居,心却并不曾隐,他以隐士的旁观者身份观察着社会政治的动向,冷静等待一个合适的时机与合适的方式。向夫人所言及的"恐不免耳",已经表现出他其实随时都做好了充分的准备去完成自己的政治理想。谢安始终没有将自己定位为一个注定就要潇洒地纵情山水的隐者,对于一个对时局有敏锐洞察和胸有政治抱负的人,隐居不仕只是一种追求"旁观"的视角。

也正因为身隐而心未隐,升平四年(公元361年)谢安出仕,"征西大将军桓温请为司马",轰动朝野,人们都嘲笑谢安不能坚持本初,谢安有"愧色":

征西大将军桓温请为司马,将发新亭,朝士咸送,中丞高崧戏之曰:"卿累违朝旨,高卧东山,诸人每相与言,安石不肯出,将如苍生何!苍生今亦将如卿何!"安甚有愧色。[2]

谢公始有东山之志,后严命屡臻,势不获已,始就桓公司马。于时人有饷桓公药草,中有"远志"。公取以问谢:"此药又名'小草',何一物而有二称?"谢未即答。时郝隆在坐,应声答曰:"此甚易解:处则为远志,出则为小草。"谢甚有愧色。桓公目谢而笑曰:"郝参军此过乃不恶,亦极有会。"[3]

其实对于谢安,即便身隐东山,他已然有"訏谟定命,

---

[1] (清)王先谦:《诗三家义集疏》,吴格点校,中华书局1987年版,第929页。
[2] (唐)房玄龄等:《晋书》卷七十九,中华书局1974年版,第2073页。
[3] 《世说新语·排调》第32则。

远猷辰告"的政治理想与"恐不免耳"的心理预期,他只是在冷静地等待并选择一个更好的时机,可惜家与国面临的现实问题,让他没有待到最佳时机便不得不采取行动。未能家事国事并而兼顾,这既是谢安招致嘲讽的原因,也是谢安面有"愧色"的原因。即便如此,也并不意味着他因出仕而改变了人生志向,也不意味着他改变了对天下"苍生"的态度。

谢安在桓温处,一直都有自己立场:

> 桓宣武与郗超议芟夷朝臣,条牒既定,其夜同宿。明晨起,呼谢安、王坦之入,掷疏示之。郗犹在帐内。谢都无言,王直掷还,云:"多!"宣武取笔欲除,郗不觉窃从帐中与宣武言。谢含笑曰:"郗生可谓入幕宾也。"[1]

郗超小名嘉宾,在桓温遭坊头之耻,"既逢覆败,名实顿减"时,"进废立之计",精明能干,桓温对他颇为倚重。[2]谢安经常言不由衷地赏识这位同僚,但在事关人命的关键时期,谢安有自己的基本立场与观点。此事正是"温怀不轨,欲立霸王之基,超为之谋"的时期,[3]谢安有意地借他是"入幕宾"嘲笑郗超,一语双关,先置郗超于尴尬的境地。郗超当然比王、谢二人和桓温更亲近,桓温自然会取郗超所言。同样表达不同意,王坦之解决问题的方式简单而又直来直去,"直掷还",明确说"多";谢安却转而言他,先从最难的"骨头""啃"起。既能保持彼此之间的表面和谐,又能更接近要

---

[1]《世说新语·雅量》第27则。
[2](唐)房玄龄等:《晋书》卷九十八,中华书局1974年版,第2577页。
[3](唐)房玄龄等:《晋书》卷六十七,中华书局1974年版,第1803页。

达成的目的,他用机智迂回而又不失雅致的方式,最大可能地接近理想目标。郗超精明且更能获信于桓温,但在对生命的尊重与政治的宽和方面,谢安又更胜一筹。谢安的志向一直都集中在"訏谟定命",与是否出仕无关,与仕于谁无关,甚至与面对的是谁也没有太大关联:

> 桓公既废海西,立简文。侍中谢公见桓公拜。桓惊笑曰:"安石,卿何事至尔?"谢曰:"未有君拜于前,臣立于后!"[1]

桓温"废海西,立简文",威势显赫。谢安见而遥拜且以"君""臣"关系比拟,玩笑打趣间道破了桓温深谙于心的真目的。这当然不是向桓温献媚,谢安惯于用一种近乎圆滑的方式与桓温相处,对桓温幽默的讽刺背后是对国家社稷的良心告白。

> 谢太傅与王文度共诣郗超,日旰未得前,王便欲去,谢曰:"不能为性命忍俄顷?"[2]

谢安懂得灵活通变,等待出仕的最佳时机被现实打乱,便选择出仕,当机智应对的方式为严肃的现实所囿,谢安便会以付出生命代价的方式去坚守。正因为如此,在桓温计划"诛王谢,移晋鼎"时,谢安能表现出极度镇定自若,为保全社稷而义无反顾:

> 桓公伏甲设馔,广延朝士,因此欲诛谢安、王坦之。王甚

---

[1]《世说新语·排调》第38则。
[2]《世说新语·雅量》第30则。

遽，问谢曰："当作何计？"谢神意不变，谓文度曰："晋阼存亡，在此一行。"相与俱前，王之恐状，转见于色。谢之宽容，愈表于貌。望阶趋席，方作洛生咏，讽"浩浩洪流"。桓惮其旷远，乃趣解兵。王、谢旧齐名，于此始判优劣。[1]

依照桓温"废海西，立简文"的规划，最想"简文临终禅位于己"，[2]后又欲退而求其次，"不尔便为周公居摄"，但简文帝"遗诏家国事一禀之于公，如诸葛武侯、王丞相故事"，这使桓温"甚愤怨"，[3]认定是谢安、王坦之的谋划，于是"伏甲设馔，广延朝士，因此欲诛谢安、王坦之"。面临社稷倾覆、性命岌岌可危的紧要境况，谢安"神意不变"。史载："安本能为洛下书生咏，有鼻疾，故其音浊，名流爱其咏而弗能及，或手掩鼻以敩之。"[4]此时谢安模仿洛阳书生读书的语音吟嵇康《赠秀才入军》中诗句，就是表达愿意追慕嵇康以生命维护心志守护心灵家园的方式，也是向桓温传达自己的志向。人哪有不担心自身性命与家族命运的，只是对于谢安而言，捍卫国家社稷一直以来都是他的最高理想，长期以来一直都坚定而不可动撼，故而才能无所畏惧。

桓温事后，谢安"以时望辅政，为群情所归"，在人事方面都不强调罪责追究，国家得以很快回归安定。他精心安排并

---

[1]《世说新语·雅量》第29则。
[2]《晋书》卷七十五《王坦之传》："简文帝临崩，诏大司马温依周公居摄故事。坦之自持诏入，于帝前毁之。帝曰：'天下，傥来之运，卿何所嫌！'坦之曰：'天下，宣元之天下，陛下何得专之！'帝乃使坦之改诏焉。"
[3]（唐）房玄龄等：《晋书》卷九十八，中华书局1974年版，第2579页。
[4]（唐）房玄龄等：《晋书》卷七十九，中华书局1974年版，第2076~2077页。

第五章 风流之韵与家国情怀

均衡诸高门家族间的力量,一方面着力打破"共天下"的局面,费心周旋让权力回归王室,另一方面也让诸高门不因已经平息的政治事件而彼此冤冤相报,再掀起萧蔷内斗。这样,才更能集中精力在北方强大的南下气势下保全国家社稷。他力排众议,用谢石、谢玄率军抵制苻坚,终于有了淝水之战的军事奇迹。

谢公与人围棋,俄而谢玄淮上信至。看书竟,默然无言,徐向局。客问淮上利害,答曰:"小儿辈大破贼。"意色举止,不异于常。[1]

谢安举谢玄等人,本就有为家族利益谋划的嫌疑,朝野议论并不见得都有利于谢氏。尤其是桓温遗存的两个主要代表力量态度不同。桓冲力主不可用:"时安已遣兄子玄及桓伊等诸军,冲谓不足以为废兴,召佐吏,对之叹曰:'谢安乃有庙堂之量,不闲将略。今大敌垂至,方游谈不暇,虽遣诸不经事少年,众又寡弱,天下事可知,吾其左衽矣!'"[2]相反,"与谢氏不穆。安亦深恨之"的郗超态度却不同。《晋书·谢玄传》载:"于时苻坚强盛,边境数被侵寇,朝廷求文武良将可以镇御北方者,安乃以玄应举。中书郎郗超虽素与玄不善,闻而叹之,曰:'安违众举亲,明也。玄必不负举,才也。'时咸以为不然。超曰:'吾尝与玄共在桓公府,见其使才,虽履屐间亦得其任,所以知之。'"[3]加之苻坚南下,号称百万,

---

[1]《世说新语·雅量》第35则。
[2](唐)房玄龄等:《晋书》卷七十四,中华书局1974年版,第1952页。
[3](唐)房玄龄等:《晋书》卷七十九,中华书局1974年版,第2080~2081页。

志在灭晋，东晋御敌兵力太过有限，战事当然是整个东晋朝野不二的焦点。这对于谢安而言，可谓是一次巨大的冒险，他本人无疑是有巨大压力的。倘若战败，费尽心力维持的国家表面的安定局面将前功尽弃，国家倾覆之最大责任也将由谢氏背负。《世说新语》突出谢安之雅量，称"意色举止，不异于常"。《晋书·谢安传》则从另一个侧面进行描写：

> 玄等既破坚，有驿书至，安方对客围棋，看书既竟，便摄放床上，了无喜色，棋如故。客问之，徐答云："小儿辈遂已破贼。"既罢，还内，过户限，心喜甚，不觉屐齿之折，其矫情镇物如此。[1]

二者比较，《世说新语》主要在于写出名士谢安异于常人的精神雅淡，《晋书》则表现了政治家谢安无异于常人的喜悦异常。如此圆满的双赢结局，"矫情镇物"一下的谢安才更真实，也更生活化，自然通达，浑然天成。

其后，谢安有计划地完成自己的"雅志"，"东山之志始末不渝，每形于言色"，"尽室而行，造泛海之装，欲须经略粗定，自江道还东"。然后"上疏请量宜旋旆，并召子征虏将军琰解甲息徒""上疏逊位"。[2]谢玄也称病上表解职，虽未能完全退出政务，但已经为国家权力的重新分配起到了决定性作用。对国家贡献如谢安、谢玄者都能放弃要职，其他高门贵胄自然也没有理由不将国家权力交付司马王室。如此，终于结束了"共天下"的局面，让国家政治在一个相对更平稳、集中

---

〔1〕（唐）房玄龄等：《晋书》卷七十九，中华书局1974年版，第2075页。
〔2〕（唐）房玄龄等：《晋书》卷七十九，中华书局1974年版，第2076页。

第五章 风流之韵与家国情怀

的背景下进行。

赵翼认为"江左世族无功臣",正是因为缺少如王导、谢安这样能"柱石国家"之人:

> 而所谓高门大族者,不过雍容令仆,裙屐相高,求如王导、谢安,柱石国家者,不一二数也。次则如王弘、王昙首、褚渊、王俭等,与时推迁,为兴朝佐命,以自保其家世,虽朝市革易,而我之门第如故,以是为世家大族,迥异于庶姓而已。此江左风会习尚之极敝也。[1]

王导将社会风尚与国家政治相结合,探索社会开创时期的风尚思潮与实用价值,引导了一种积极的人生态度。谢安又进一步将政治理想与风雅处事相结合,以"雅"的形式实现守成之"志",实现了自己稳定社稷的政治理想。清谈的王导与为政的王导,隐居的谢安与出仕的谢安,都是胸有理想而又能考量现实的人,也是时刻胸怀家国之情怀的人。

---

[1]（清）赵翼:《廿二史劄记校证》,王树民校证,中华书局1984年版,第254页。

余论

魏晋时期的闺门风尚

魏晋名士重风神逸韵，放达于丘壑之间，向往飘逸、率性，服药妆容成为一时风尚，女子在这种大环境影响下，也与历代女子有不同的审美风尚。体现在穿着、配饰方面：

> 初作屐者，妇人头圆，男子头方。圆者顺之义，所以别男女也。至太康初，妇人屐乃头方，与男无别。此贾后专妒之征也。
>
> 惠帝元康中，妇人之饰有五兵佩，又以金银玳瑁之属，为斧钺戈戟，以当笄……是时妇人结发者既成，以缯急束其环，名曰撷子紒。始自中宫，天下化之。[1]

《礼记·内则》载"男女不通衣裳"，[2]鞋履也如此，男女鞋头方圆有专门的蕴意。太康年间，这一时尚不符合礼制，故而被附会为贾南风"专妒"的标志。古代男子佩剑，但在觐见上级或重要人物时不可佩戴，尤其是臣见君，若未经特殊允许，不可"剑履上殿"。既为礼制，实际上也不乏安全方面的考虑。而女性因社会地位相对处于劣势，日常也不允许佩戴

---

〔1〕（唐）房玄龄等：《晋书》卷二十七，中华书局1974年版，第824页。
〔2〕（清）孙希旦：《礼记集解》，沈啸寰、王星贤点校，中华书局1989年版，第735页。

余论　魏晋时期的闺门风尚

与兵器形似的饰物。魏晋女子则选择兵器形状专门做成头饰，并以此为时尚。服饰方面的这些改变，虽然被附会以一定的时代异变象征，但已经反映出女性社会地位已经有所提升，不再以一味追求"顺从"为最上品质。魏晋女子也追慕仙风道骨，在衣饰方面追求"飘忽若仙"的时尚感，采用"纤髾"装饰，在深衣下摆加上层层饰物，从围裳下伸出长长的飘带。这样的服饰便形成了《洛神赋》中飘逸之美的效果：

翩若惊鸿，婉若游龙，荣曜秋菊，华茂春松。仿佛兮若轻云之蔽月，飘飖兮若流风之回雪。

体迅飞凫，飘忽若神，凌波微步，罗袜生尘。

洛神之美为时人共慕，风韵是非常重要的一个方面。各种"纤髾"层叠的服装，并不便于行走，但能达到"翩若惊鸿，婉若游龙"的效果，配以"体迅飞凫"的行走速度，行走时"凌波微步，罗袜生尘"的步态，便有了仙人下凡的飘逸美感。这种服饰风尚与当时男子以大袖宽衫为时尚一致，都着力于突出优雅闲适的风格。

魏晋时期女子地位有所提升，《晋书·刑法志》载律法对女子从罚的改变，"在室之女，从父母之诛；既醮之妇，从夫家之罚"，[1]从国家立法层面提高实际地位。女子离婚也较为常见：卫宣尚公主而"数有酒色之过"，杨骏等人"讽帝夺宣公主"；[2]愍怀太子司马遹废，王衍"表请离婚"。[3]《世说

---

[1]（唐）房玄龄等：《晋书》卷三十，中华书局1974年版，第926页。
[2]（唐）房玄龄等：《晋书》卷三十六，中华书局1974年版，第1059页。
[3]（唐）房玄龄等：《晋书》卷五十三，中华书局1974年版，第1460页。

新语·贤媛》《晋书·列女传》所载女性的精神气韵与价值取向，与其他时代烈女贤媛不同。这一时期的女性重神韵而不墨守礼教，清谈、强辩，甚至泼辣而任诞。《世说新语》载：

> 潘岳妙有姿容，好神情。少时挟弹出洛阳道，妇人遇者，莫不连手共萦之。左太冲绝丑，亦复效岳游遨，于是群妪齐共乱唾之，委顿而返。[1]

古人道路行走，"男子由右，女子由左"，车行于中央。[2]魏晋时期女性似乎并未严格遵守这一要求，故而"妇人""群妪"以特殊的方式表现出对男性仪容的喜与恶的态度。不仅如此，女性还有自己的交游活动，《抱朴子·外篇·疾谬》：

> 而今俗妇女，休其蚕织之业，废其玄紞之务，不绩其麻，市也婆娑。舍中馈之事，修周旋之好。更相从诣，之适亲戚，承星举火，不已于行，多将侍从，玮晔盈路，婢使吏卒，错杂如市，寻道褰谑，可憎可恶。
>
> 或宿于他门，或冒夜而反。游戏佛寺，观视渔畋，登高临水，出境庆吊。开车褰帏，周章城邑，杯觞路酌，弦歌行奏。转相高尚，习非成俗，生致因缘，无所不肯。[3]

虽然葛洪是想作为讽刺之意告诫时人，但由此也可窥见这一时期女性作达任情、追求清雅的风尚。魏晋名士注重精微玄

---

〔1〕《世说新语·容止》第七则。
〔2〕（清）孙希旦：《礼记集解》，沈啸寰、王星贤点校，中华书局1989年版，第736页。
〔3〕《抱朴子外篇全译》，庞月光译注，贵州人民出版社1997年版，第531~533页。

理，谈玄论道也为这一时期的女性所仿效。同时，女性这方面的才性也获得了社会的普遍认同与尊重。

山公与嵇、阮一面，契若金兰。山妻韩氏，觉公与二人异于常交，问公，公曰："我当年可以为友者，唯此二生耳！"妻曰："负羁之妻亦亲观狐、赵，意欲窥之，可乎？"他日，二人来，妻劝公止之宿，具酒肉。夜穿墉以视之，达旦忘返。公入曰："二人何如？"妻曰："君才致殊不如，正当以识度相友耳。"公曰："伊辈亦常以我度为胜。"〔1〕

凝之弟献之尝与宾客谈议，词理将屈，道韫遣婢白献之曰："欲为小郎解围。"乃施青绫步鄣自蔽，申献之前议，客不能屈。〔2〕

夫人韩氏提出要窥视嵇、阮，山涛欣然默许，韩氏"穿墉"夜窥后，山涛还专门询问意见。韩氏所为，本属违反礼法，而时人却视之为超凡拔俗、能知人的典型。史称王献之"少有盛名""风流为一时之冠"，谢道韫能为其"解围"，因"屈"客而显名。魏晋女性有独立意识，有思想，有个性，嬉笑怒骂，率意而行，时人并不因女性同男性一样具有才性而予以贬抑，甚至表现出了更为宽容的接纳与认同，对女性的评价也向名士之风靠拢。

谢遏绝重其姊，张玄常称其妹，欲以敌之。有济尼者，并游张、谢二家，人问其优劣。答曰："王夫人神情散朗，故有

---

〔1〕《世说新语·贤媛》第 11 则。
〔2〕（唐）房玄龄等：《晋书》卷九十六，中华书局 1974 年版，第 2516 页。

魏晋名士的风尚与规约

林下风气。顾家妇清心玉映，自是闺房之秀。"[1]

一方面，谢遏与张玄认同族中女性的才性能力，而且以此为荣耀之事，人们对两位女性的风度高下，颇有比较的兴趣，女性才性也成了人们评品的一个部分。另一方面，做出人物评价的人物济尼也是女性，她对二人的评价，完全突破传统，从神韵出发，也为人们认可称道。再则，余嘉锡先生评论济尼之语"言其优劣，而高下自见"，高下划分的依据是王夫人"有林下风气"，而顾家妇只是"闺房之秀"。可见，时人评品女性，也已经在一定程度上超越了男性视角。求清雅风韵，也成了评价女性优劣的重要标准。以此为前提，谢道韫虽然"大薄"丈夫王凝之，称"不意天壤之中，乃有王郎"，其实不单纯是因为高门权势对比王已不如谢，还有时人对谢道韫本人才性的认同。在家庭关系中，女性也有与丈夫齐等的言谈。

王公渊娶诸葛诞女。入室，言语始交，王谓妇曰："新妇神色卑下，殊不似公休！"妇曰："大丈夫不能仿佛彦云，而令妇人比踪英杰！"[2]

孙长乐兄弟就谢公宿，言至款杂。刘夫人在壁后听之，具闻其语。谢公明日还，问昨客何似，刘对曰："亡兄门，未有如此宾客。"谢深有愧色。[3]

这些女性的独特行为风尚，除了因社会风度的模拟与熏染外，也与社会整体的包容尤其是作为名士的夫对妻的包容不无

---

[1]《世说新语·贤媛》第30则。
[2]《世说新语·贤媛》第9则。
[3]《世说新语·轻诋》第17则。

余论　魏晋时期的闺门风尚

关系。究其实，正因为魏晋时期独特的名士风尚，才使魏晋女性有表达个性、显才露己的氛围与环境。

王安丰妇常卿安丰。安丰曰："妇人卿婿，于礼为不敬，后勿复尔。"妇曰："亲卿爱卿，是以卿卿；我不卿卿，谁当卿卿？"遂恒听之。[1]

"卿"是君对臣、长辈对晚辈的爱称；妻子对丈夫称"卿"有悖伦理。王戎对妻"谁当卿卿"的反问"遂恒听之"，就是一种包容的态度。王氏宛如一个孩童，丈夫的训诫不但不改正，还要反复提及，其实也是一种真性情。魏晋婚姻多以家族之间互相盘根错节借以自固为目的，夫妻之间能彼此相敬，但真正能志同道合的不多。"既贵且富"的王戎"每与夫人烛下散筹算计"，可见夫妻颇有志同道合之处，有王戎之达，才有其妻之真率。又有王浑妻钟氏，闲聊中说得过了头，显得冒冒失失：

王浑与妇钟氏共坐，见武子从庭过，浑欣然谓妇曰："生儿如此，足慰人意。"妇笑曰："若使新妇得配参军，生儿故可不啻如此！"[2]

《晋书·列女传》载："王浑妻钟氏，字琰，颍川人，魏太傅繇曾孙也。"她列入《列女传》可能与德行也有关，"浑弟湛妻郝氏亦有德行，琰虽贵门，与郝雅相亲重，郝不以贱下琰，琰不以贵陵郝，时人称钟夫人之礼，郝夫人之法云"，

---

[1]《世说新语·惑溺》第6则。
[2]《世说新语·排调》第8则。

"礼仪法度为中表所则"。但与此同时，却更为详细地记载了她的名士风范，尤其是识鉴品评的能力，"美容止，善啸咏"，在女儿择婿中对相貌俊美的候选人做出"才足拔萃，然地寒寿促，不足展其器用"的评价。[1]这已与当时清谈名士之风几无差别。此处的参军，是指时为司马昭的参军的王浑二弟王沦。这段记载，不要说宋明时期的理学家，清代学者也难以接受。李慈铭言："闺房之内，夫妇之私，事有难言，人无由测。然未有显对其夫，欲配其叔者。此即娼家荡妇，市里淫女甘，尚亦惭于出言，郝其颜颊。"[2]章学诚以为："晋人崇尚玄风，任情作达，丈夫则糟粕六艺，妇女亦雅尚清言。步障解围之谈，新妇参军之戏，虽大节未失，而名教荡然。"[3]王浑究竟如何作答，此处记载无下文，其实，不作答，便是一种默然认可。礼法不容，作为丈夫的王浑能容，在我们今天看，却不失为佳话。

王戎、王浑与妻子的闲聊虽然不协于礼法，却更贴近生活。与何曾见妻讲排场、繁酬酢的仪式感相比，这样的夫妻间的闲聊谈话更具人情味，更能显示出亲情，更像一家人。不强调谁只有义务、谁只有权力，不一定要展示给他人故作模范，相对自由的交流更能体现出作为名士的丈夫对妻子的包容。

东晋很多名士惧内，也并不见得是因为女子有特殊的身份或才能，而是因为名士有对待人的基本的尊重态度。即便王导亦然。

---

[1]（唐）房玄龄等：《晋书》卷九十六，中华书局1974年版，第2510页。
[2]《世说新语·排调》第8则余嘉锡笺疏引。
[3]（清）章学诚：《文史通义》，上海书店1988年版，第619页。

余论　魏晋时期的闺门风尚

丞相曹夫人性甚忌，禁制丞相，不得有侍御，乃至左右小人，亦被检简，时有妍妙，皆加诮责。王公不能久堪，乃密营别馆，众妾罗列，儿女成行。后元会日，夫人于青疏台中，望见两三儿骑羊，皆端正可念。夫人遥见，甚怜爱之。语婢："汝出问，是谁家儿？"给使不达旨，乃答云："是第四王等诸郎。"曹氏闻，惊愕大恚。命车驾，将黄门及婢二十人，人持食刀，自出寻讨。王公亦遽命驾，飞辔出门，犹患牛迟。乃以左手攀车兰，右手捉麈尾，以柄助御者打牛，狼狈奔驰，劣得先至。蔡司徒闻而笑之，乃故诣王公，谓曰："朝廷欲加公九锡，公知不？"王谓信然，自叙谦志。蔡曰："不闻余物，唯闻有短辕犊车，长柄麈尾。"王大愧。后贬蔡曰："吾昔与安期、千里，共在洛水（集处，不闻天下大事有蔡充儿。"正忿蔡前戏言耳。)[1]

蓄养姬妾是当时名士的一种风气，王导也不是没有姬妾，《世说新语·惑溺》载："王丞相有幸妾姓雷，颇预政事纳货。蔡公谓之'雷尚书'。"[2]妻曹氏生子王悦，妾雷氏生子王恬、王洽，史载"导见悦辄喜，见恬便有怒色"。[3]王导为政态度甚为宽厚，性格机敏，但如此明显地对两个儿子有不同态度，除了嫡、庶之别与儿子性格的不同，可能也与雷氏与曹夫人的处事方式有关。王导之所以听之任之，也未必是不在乎，只是不想招致家庭纠纷罢了。蔡谟多次以这些家庭事务取笑，王导

---

[1]《世说新语·轻诋》第6则刘孝标注引《妒记》，括号内的为余嘉锡先生所补。
[2]《世说新语·惑溺》第7则。
[3]（唐）房玄龄等：《晋书》卷六十五，中华书局1974年版，第1755页。

终于发脾气，足见他并不是不在乎这些家长里短的琐事，而是平日善于顾及妻妾们的颜面与地位，包容曹氏的嫉妒严苛，包容雷氏的贪鄙要强。倘若王导效法何晏之类，不顾及妻子的颜面与身份，曹夫人即便善妒，又能若何？

在这种认识的基础上，夫妻关系中的妻从某种程度上作为独立的个体而存在，传统的道德约束便有了被超越的可能：

> 荀奉倩与妇至笃，冬月妇病热，乃出中庭自取冷，还以身熨之。妇亡，奉倩后少时亦卒，以是获讥于世。奉倩曰："妇人德不足称，当以色为主。"裴令闻之，曰："此乃是兴到之事，非盛德言，冀后人未昧此语。"
>
> 粲常以妇人才智不足论，自宜以色为主。骠骑将军曹洪女有色，粲于是聘焉。容服帷帐甚丽，专房燕婉。历年后妇病亡。未殡，傅嘏往谅粲，粲不明而神伤。嘏问曰："妇人才色，并茂为难。子之聘也，遗才存色，非难遇也，何哀之甚？"粲曰："佳人难再得！顾逝者不能有倾城之异，然未可易遇也。"痛悼不能已。岁余亦亡。亡时年二十九。粲简贵，不与常人交接，所交者一时俊杰。至葬夕，赴期者裁十余人，悉同年相知名士也。哭之，感恸路人。粲虽褊隘，以燕婉自丧，然有识犹追惜其能言。(刘孝标注引《粲别传》)[1]

荀粲所认为的"德不足称""以色为主"，区别了两个不同的主体，以德为主是别人对妻的评价，而"以色为主"则是从自身情感出发的评价。前者是一种器物思想，而后者则将妻视为与自己同样自由、平等、值得尊重的个体的人来看。刘

---

[1]《世说新语·惑溺》第2则。

孝标注此则引《粲别传》称荀粲对傅嘏所言："顾逝者不能有倾城之异，然未可易遇也。"已经超越了一般意义上的"色"。荀粲所谓的"色"，专与旧所称"德"相对，特指一种两厢心悦的悦"色"。西晋潘岳以来，为亡妻作"悼亡"主题的诗文，评价"悼亡"之作成为一时风气，正与魏晋名士对女性尤其是妻子的这种平等心态有关。《世说新语·文学》载：

> 孙子荆除妇服，作诗以示王武子。王曰："未知文生于情，情生于文。览之凄然，增伉俪之重。"[1]

魏晋名士在亲历了生命的无常后，由重德逐步发展到重情，其中便包括夫妻之情。最为明显的就是在日常生活观念中能以平等的态度去对待女性。除了悼念的诗文创作，在诸如夫亡再嫁等方面，往往也持有较为开明的态度。庾亮儿遭苏峻难遇害，诸葛道明女将改适，与庾亮书。亮答："贤女尚少，故其宜也。感念亡儿，若在初没。"即便不舍，但也对此表示理解。反之，王戎子早丧，王戎不许未过门的准儿媳再嫁，虽然王戎本人位高权重，依然被人们嘲笑（《世说新语·伤逝》）。女子早寡改适在当时是一种较为普遍的现象。

余嘉锡先生不同意将《世说新语》专门记叙女子行为的一篇题为《贤媛》。其认为："有晋一代，唯陶母能教子，为有母仪，余多以才智著，于妇德鲜可称者。题为贤媛，殊觉不称其名。"[2]然而，《贤媛》中的女性不是以耸人听闻的母仪、贤名、贞顺、节义而成为榜样和典范的，但刘宋的编撰者却冠

---

[1]《世说新语·文学》第72则。
[2]《世说新语·贤媛》余嘉锡案语。

以"贤媛"篇名,反映了对当时女性何为有"德"的观念的认识。这其实也是魏晋名士风尚的遗留在影响着编纂者的选材视角。这又是有关魏晋名士风度的另一个值得展开深入讨论的话题。